Ein schreckliches Geheimnis

Évelyne Brisou-Pellen

Ein schreckliches Geheimnis

**Aus dem Französischen
von Renate Bronner**

Ernst Klett Sprachen
Stuttgart

1. Auflage   1 13 12 11 10 9 | 2029 28 27 26 25

Alle Drucke dieser Auflage sind unverändert und können im Unterricht nebeneinander verwendet werden.
Die letzte Zahl bezeichnet das Jahr des Druckes. Das Werk und seine Teile sind urheberrechtlich geschützt. Jede Nutzung in anderen als den gesetzlich zugelassenen Fällen bedarf der vorherigen schriftlichen Einwilligung des Verlags.

Die in diesem Werk angegeben Links wurden von der Redaktion sorgfältig geprüft, wohl wissend, dass sie sich ändern können. Die Redaktion erklärt hiermit ausdrücklich, dass zum Zeitpunkt der Linksetzung keine illegalen Inhalte auf den zu verlinkenden Seiten erkennbar waren. Auf die aktuelle und zukünftige Gestaltung, die Inhalte oder die Urheberschaft der verlinkten Seiten hat die Redaktion keinerlei Einfluss. Deshalb distanziert sie sich hiermit ausdrücklich von allen Inhalten aller verlinkten Seiten, die nach der Linksetzung verändert wurden. Diese Erklärung gilt für alle in diesem Werk aufgeführten Links.

Redaktion: Helga Kopp
Layoutkonzeption: Sandra Vrabec
Gestaltung und Satz: Reinhard Günl, Satz & mehr, 74354 Besigheim
Umschlaggestaltung: Sandra Vrabec
Titelbild: iStockphoto (Horst Klinker), Calgary, Alberta
Bild Seite 87: Rageot Editeur, Paris
Druck und Bindung: Digitaldruck Tebben GmbH

Printed in Germany
ISBN 978-3-12-666943-6

Inhalt

Ein übler Scherz? 7

Welche Wahrheit? 12

Das Haus mit den blauen Fensterläden 17

Ein Schrei 24

Sieh mal an! 30

Virgile 35

3. August 1943 39

Verblüffende Entdeckungen. 45

Rache? 51

Der Sohn von Virgile 59

Fotos sagen mehr aus als irgendjemand 66

Eine schreckliche Geschichte. 73

Einer, der nie hätte kommen dürfen. 78

Ein übler Scherz?

Ich habe in dem alten Heft den letzten Punkt gemacht. Es ist geschafft. Ich weiß nicht, wie es mir gelang, zum Ende zu kommen. Jetzt könnte ich die schreckliche Geschichte nicht mehr erzählen, da bin ich mir sicher. Glücklicherweise muss ich das ja auch nicht. Sie ruht dort in dem verblichenen Schulheft, das ich ganz unten in der Truhe gefunden habe, und ich werde es nun in das Holzkästchen einschließen, dieses dann in den Weidenkoffer, diesen in die Truhe und diese in den Schrank auf dem Dachboden, in die Tiefe der Erinnerung des Hauses, in die Tiefe der Zeit.

Alles begann am Weihnachtstag. Ein solches Datum, das vergisst man nicht mehr. Ich war zu Hause und dabei, einen Schokoladenkuchen zu backen, den wir zu meiner Großtante mitnehmen wollten (sie fand sich zu alt zu kommen, um mit uns Heiligabend zu verbringen).

Ich hatte gerade einen Blick in den Backofen geworfen um festzustellen, dass der Kuchen hervorragend aufging und gab die Schokolade zum Schmelzen in einen Kochtopf, als das Telefon läutete.

„Hallo … "

Eine Männerstimme, ein bisschen stammelnd wie jemand, der den Heiligen Abend zu reichlich begossen und seinen Rausch noch nicht ausgeschlafen hat.

„Ja … bin ich da bei … (Ruhe. Dem Geräusch nach scheint er in Papieren zu wühlen) bei Blestin, Jean-Paul Blestin?"

„Ja, ich geb' Sie wei … "

Die Stimme unterbrach mich:

„Es geht um die Leichen. Was sollen wir damit machen?" Ich hörte ein starkes Geräusch, dann wurde aufgelegt.

„Was war das?", fragte meine Mutter, die in die Küche kam.

„Nichts. Ein Scherz. Ein betrunkener Kerl."

Einige Minuten vergingen (es ist mir unmöglich zu sagen wie viele), und das Telefon läutete wieder. Diesmal nahm meine Mutter ab.

Zuerst sah sie ein bisschen verärgert aus, dann änderte sich ihr Ausdruck, ihr Mund öffnete sich, sie wurde ganz blass.

Lange sprach sie kein Wort, und dann endlich keuchte sie ins Telefon.

„Wie? … Nein!"

„ …"

„Sie müssen, … Wieso? Warum können Sie es nicht sagen? Aber das ist unglaublich!"

„ …"

„Wir kommen. Ja, zwei Stunden, wir brauchen zwei Stunden."

Jetzt fing sie an, sich die Wangen abzuwischen, die Tränen, die ihr über die Wangen liefen. Ich staunte:

„War das nicht der gleiche Mann wie vorher?"

„Ja. Eigentlich nein. Er entschuldigt sich für seinen Kollegen. Es ist die Polizei von Saint-Jean … "

„Ist was passiert?", fragte mein Vater beim Hereinkommen.

„Sie haben Pilou und Mamie gefunden … Tot."

Meinem Vater blieb der Mund offen stehen. Nach einer Weile fragte er noch einmal, wie wenn er es nicht glauben könnte:

„Meine Eltern?"

Meine Mutter antwortete mit ja.

„Alle … alle beide?"

Maman machte wieder ein Zeichen mit dem Kopf.

Mir wurde klar, dass der erste Telefonanruf kein Scherz war, sondern der Fehler eines Polizisten, der nicht ganz nüchtern war. Ich hatte das dringende Bedürfnis, mich zu übergeben.

„Und wie?", fragte mein Vater, und dabei wurde seine Stimme immer lauter, als würde er uns für diesen üblen Scherz verantwortlich machen. „Wie sind sie gestorben? Erstickt? Ein Autounfall?"

„Ich weiß es nicht … "

Mein Vater wurde nun wirklich wütend, aber ich glaube, dass es nur die Reaktion auf den Schock war, den er soeben empfunden hatte.

„Du hast sie nicht einmal danach gefragt?", schrie er.

Anders als man hätte erwarten können, wirkte seine überlaute Stimme ein wenig beruhigend auf meine Mutter. Sie hörte auf zu weinen, atmete tief durch und, ohne meinen Vater anzusehen, seufzte sie: „Sie haben es mir am Telefon nicht sagen wollen."
„Nicht sagen wollen? Was ist denn das für eine Geschichte?"
„Sie verstehen es nicht. Sie können es nicht erklären. Sie wollen, dass wir hinkommen."

Mein Bruder Armel begleitete meine Eltern nach Saint-Jean. Ich aber durfte nicht mit: Ich war angeblich zu jung. Fünfzehn, das ist nicht jung, aber diesmal habe ich nicht protestiert: Ich empfand kein Verlangen danach, meine Großeltern tot zu sehen, vor allem unter solch rätselhaften Umständen.
Ich habe dann später von Armel erfahren, wie es weitergegangen war. Man kannte die Todesursache meiner Großeltern wirklich nicht, man konnte nur feststellen, dass sie anscheinend alle beide ertrunken sind.
Ertrunken in zwanzig Zentimeter tiefem Wasser! Verrückt! Unmöglich! Idiotisch!
Und das war nicht einmal das Merkwürdigste: Sie sind hundert Meter von ihrem Haus entfernt gestorben, mitten in der Weihnachtsnacht. Der Truthahn stand noch auf dem Tisch, eine große Gabel steckte darin, das Fleischmesser lag daneben. Man muss sich das einmal vorstellen: Mitten im Essen waren sie aufgestanden, und anstatt den Truthahn zu zerlegen, hatten sie das Haus verlassen, ohne einen Mantel anzuziehen, um in einem Bach zu ertrinken, der nie tiefer war als zwanzig Zentimeter.
„Dass eine Person durch Ertrinken das Leben verliert", hatten die Polizisten gesagt, „das kann vorkommen (man kann stolpern, im Wasser ohnmächtig werden), aber zwei, das geht nicht."
Dann hatten sie meinen Vater gefragt, ob seine Eltern depressiv gewesen seien. Aber nein! Ganz und gar nicht!
Ob sie sich in dieser Weihnachtsnacht einsam gefühlt hätten?
Diese Frage konnten wir unmöglich für sie beantworten; jedenfalls hatten wir ihnen erfolglos vorgeschlagen, zu uns zum Essen

zu kommen, da meine Mutter Bereitschaftsdienst hatte, das heißt, dass sie verpflichtet war, zu Hause zu bleiben, um im Notfall erreichbar zu sein, falls ein Schwerkranker noch in der Nacht operiert werden musste. (Dazu muss man wissen, dass meine Mutter Chirurgin ist.)

Pilou und Mamie hatten nicht kommen wollen, nicht einmal dann, wenn wir sie geholt hätten: „Ihr werdet doch nicht vier Autostunden hin und zurück nur wegen uns machen!" Sie hatten hinzugefügt, dass wenn uns womöglich auf der Strecke etwas passieren sollte, sie sich das nie verzeihen könnten. Nein, sie würden Weihnachten ganz allein verbringen, das wäre überhaupt kein Problem. Vor allem sollten wir unbesorgt sein, sie würden einen großen Truthahn ganz für sich alleine braten, und über die Reste würden sich die Hunde der Nachbarschaft freuen.

„Ich hätte darauf bestehen sollen", wiederholte mein Vater.

Meine Mutter versuchte ihn zu beruhigen:

„Im Nachhinein ist es immer leicht zu wissen, was man hätte tun sollen. Stell dir vor, sie wären gekommen und es wäre eine andere Katastrophe passiert (eine Explosion im Haus, wir hätten einen Unfall gehabt oder irgendetwas anderes wäre uns zugestoßen), da hättest du auch bereut, darauf bestanden zu haben, dass sie kommen. Was passiert ist, ist passiert. So etwas ist Schicksal."

„Schicksal, mitten in der Nacht zwei Schritte vom Haus in einem Bach zu sterben?"

Laut Armel war die Atmosphäre unerträglich, als sie wieder im Auto saßen. Mein Vater hatte endlos wiederholt, was er der Polizei gesagt hatte, wie wenn er sich selbst davon überzeugen müsste: Ja, seinen Eltern ging es gut, nein, sie waren weder verrückt noch depressiv. Ein Streit, der schlecht ausgegangen war? Welch ein Blödsinn! Diese Polizei war bescheuert! (Mein Vater benutzte selten diese Art Worte, woran man erkennen konnte, dass er in großer Wut oder ganz durcheinander war.) Seine Eltern hatten ihren 50. Hochzeitstag gefeiert, und sie hatten sich in ihrem Leben praktisch nie gestritten. Es gab zwischen ihnen sogar eine außergewöhnliche Übereinstimmung.

„Nennen wir es eher einen großen gegenseitigen Respekt", hatte ihn meine Mutter berichtigt.

Das stimmte: Ohne dass man wusste, ob sie sich wirklich immer einig waren, machten meine Großeltern den Eindruck, dass sie sehr darauf achteten, nichts zu tun, was den anderen verletzen könnte. Nein, sie hatten sich nicht gestritten. Abgesehen davon war nicht einzusehen, inwiefern das Problem dadurch hätte gelöst werden können: Man bringt sich nicht aus Wut in zwanzig Zentimetern Wasser um!

Und überhaupt hätten meine Großeltern so etwas niemals getan. Zuerst, weil sie dazu keinerlei Grund hatten und dann, weil sie als streng Gläubige nicht nur davon überzeugt waren, dass der Mensch nicht das Recht hat, sich das Leben zu nehmen, das Gott ihm geschenkt hat, sondern dass der Selbstmord ihm für immer die Türen zum Paradies verschließt.

Pilou und Mamie waren sicher, dass es das Paradies gibt. Ich hatte bis jetzt nie daran geglaubt, aber in diesem Augenblick wünschte ich mir, dass es existiere, damit sie dort sein könnten, alle beide.

Danach wurde es in unserem Haus still. Jeder wälzte dieses entsetzliche Geschehen in seinem Kopf, ohne eine Erklärung zu finden. In einem Augenblick, da mein Vater meinte, mit meiner Mutter allein zu sein, da hörte ich ihn zu ihr sagen:

„Mein Vater wollte nicht. Er wollte nicht in dieses Haus zurückkommen, um hier zu leben."

„Weil es das Haus seiner Frau, seiner Schwiegereltern war und er den Eindruck gehabt hätte, nicht bei sich zu Hause zu sein."

„Nein, der Gedanke dort zu wohnen, schien ihn zu beunruhigen. Er hat nachgegeben, weil meine Mutter darauf bestand und weil sie es nicht mehr ertragen konnte, in der Stadt zu leben."

„Wahrscheinlich fürchtete er, sich zu dort zu langweilen … "

Mein Vater schwieg ein Weilchen, dann hatte er mit tonloser Stimme erklärt:

„Ich glaube eher, dass er das Gefühl hatte, dass das Haus Unglück bringt."

Welche Wahrheit?

Danach, in dieser Nacht, träumte ich zum ersten Mal den Kuchen-
traum. Der Kuchen wird größer und größer. Er ist mit Schlamm
bedeckt. Ich beuge mich über ihn, lasse ihn nicht aus den Augen,
und dann zerplatzt er und fliegt mir ins Gesicht.
Dieser Traum macht mir furchtbar Angst. Seit diesem ersten Mal
habe ich ihn oft wieder geträumt. Ich habe mit meinen Eltern nicht
darüber gesprochen. Sie hätten es für unbedingt nötig gehalten,
mich zu einem Psychologen zu schicken. Das möchte ich nicht,
denn ich sehe nicht ein, was ein Psychologe für mich tun könnte.
Die Zeit allein wird wohl diese Bilder löschen.
Die Tage vergingen in einer Art Hoffnungslosigkeit. Die Untersuchung der Polizei hatte keine Aufklärung gebracht. Der Autop-
sie zufolge waren Élise und René Blestin tatsächlich durch Ertrinken gestorben, denn man hatte in ihrer Lunge Wasser gefunden.
Es gab keinerlei Beweise dafür, dass sie angegriffen worden wären:
Sie wiesen keine Spuren eines Schlags oder einer Gewaltanwendung auf, und offenbar war nichts bei ihnen gestohlen worden.
Das Geld lag wie immer in der Schublade des Küchenbuffets, und
meine Großmutter trug noch ihre Perlenkette, diejenige, die sie
zu besonderen Gelegenheiten anzog (Weihnachten war natürlich
eine solche).
Die Polizei entschied schließlich, es sei Selbstmord gewesen, trotz
der seltsamen Umstände, das gab man zu. Wir aber waren sicher,
dass das nicht stimmte, hatten aber keine Möglichkeit, es zu beweisen, noch wussten wir eine andere Erklärung vorzubringen. Die
gesamte Nachbarschaft war vernommen worden. Niemand hatte
irgendetwas gesehen, nichts gehört. Nur der direkte Nachbar hatte
sich erinnert, in jener Nacht einen Schrei gehört zu haben, ihn aber
für ein Käuzchen gehalten.
Diese Zeugenaussage hatte die Polizei auf eine neue Version gebracht: Meine Großeltern wären nicht zusammen ertrunken.
Meine Großmutter hätte sich in den Bach geworfen („sich hinein-
werfen", wenn man den Bach kennt, ist das wirklich übertrieben).

Beunruhigt über ihr Ausbleiben, hätte sich mein Großvater auf den Weg gemacht, um sie zu suchen (er hatte eine Taschenlampe in der Hand). Er hätte sie tot aufgefunden und sich aus Kummer ertränkt.

Für uns war das ein schlechter Krimi, ausgedacht von Leuten, die Élise und René Blestin nicht kannten.

Die Zeit bis Ostern verlief mehr schlecht als recht, das heißt, dass keiner von uns mit dieser Sache fertig geworden war. Wenn Pilou und Mamie die Opfer eines erklärbaren Todes gewesen wären, dann hätte man sich sagen können, dass sie aus dieser Welt gegangen sind, so aber lebten wir alle in einer Art tiefer Unruhe. Meine Eltern vermieden es von da an, darüber zu sprechen, wahrscheinlich weil sie fürchteten, ihre Angst auf uns zu übertragen.

Mich verließ die Angst kaum noch, vor allem seit ich meinen Vater hatte sagen hören, dass mein Großvater „das Gefühl hatte, dass das Haus Unglück bringt."

Die Osterferien und die längeren Tage rüttelten uns ein wenig auf, und so entschlossen sich meine Eltern, etwas zu versuchen, um auf andere Gedanken zu kommen. Warum nicht eine Reise? Unsere vier Wände für ein Weilchen zu verlassen, das könnte uns helfen, wieder freier zu atmen. Sie suchten ein Ziel aus, das ihnen die größtmögliche Abwechslung zu bieten schien und schlugen uns Nepal vor.

Armel, der in diesem Jahr Geschichte studierte (der aber hauptsächlich Musik machte, das muss man schon sagen), erklärte, das sei unmöglich: Er spielte mit seiner Jazz-Band zweimal pro Woche in einem Lokal in der Stadt und konnte seine Freunde nicht einfach im Stich lassen und ohne Ersatz am Bass.

Ich dagegen hatte mich für einen Tanzkurs angemeldet und meinte, dass mir das mehr bringen würde als Nepal: Mich physisch zu verausgaben, hob immer meine Stimmung.

Meine Eltern zögerten sehr, bis sie sich dann doch entschlossen, trotzdem, das heißt ohne uns, zu verreisen. Armel hatte ihnen klipp und klar bewiesen, dass wir groß genug wären, um allein zurechtzukommen; er war schließlich zwanzig und ich fünfzehn.

Zugegeben, wir würden uns arrangieren müssen. Es wurde vereinbart, dass jeden Morgen jemand von uns zwischen acht und zehn im Haus ist, damit wir telefonisch in Verbindung bleiben könnten. Unsere Eltern würden uns von Zeit zu Zeit anrufen, um zu hören, ob alles in Ordnung ist, und in Anbetracht der Zeitverschiebung waren diese Morgenstunden die beste Zeit für sie und für uns.

Maman gab uns tausend gute Ratschläge, Papa ließ uns seine Bankkarte da, um sicher zu sein, dass wir auch ja keine Geldprobleme haben würden, und Armel brachte sie zum Flughafen.

Erst bei seiner Rückkehr unterrichtete mich mein Bruder über seine wahren Pläne: Seine Band hatte einen Vertrag für eine zehntägige Tournee in Italien unterzeichnet. Er hatte nichts darüber verlauten lassen, weil er befürchtete, dass sich dann unsere Eltern verpflichtet gefühlt hätten, auf eine Reise, die sie doch so nötig brauchten, zu verzichten. Natürlich war es ihm ein wenig unangenehm, mich hier sitzen zu lassen, aber er war ja dafür, dass man schon jung ein Gefühl für Verantwortung entwickeln sollte, und ich hatte bei weitem das Alter, um ein Weilchen allein bleiben zu können, ohne Dummheiten anzustellen.

„Am besten ist es", meinte er scharfsinnig, „wenn du für ein paar Tage zu Tante Aline gehst."

„Unsinn! Ich werde mich langweilen wie ein Frosch im Wasserglas. Und das Telefon! Jemand muss ja da sein!"

„Du verlangst eine Rufumleitung. Wenn es bei dir läutet, dann wird der Anruf direkt an die Nummer weitergeleitet, die du angegeben hast, und niemand merkt etwas davon."

Ich war ein bisschen wütend auf ihn, aber mit Armel ist nichts zu machen: Für ihn zählt nur die Musik. Vorab hat er es abgelehnt, Medizin zu studieren wie Maman und Jura wie Papa. Man hat ihm erlaubt, sich für Geschichte einzuschreiben („keine Zukunft", hatte Tante Aline verkündet), und er hat schon im ersten Studienjahr zwei Prüfungen vermasselt. Es ist doch klar, dass ihn beim Examen niemand nach Jazzmusikern und auch nicht nach dem Klang eines Tenor-Saxophons fragt, sie alle wollen wissen, was bei ihm hängen geblieben ist von der Strategie der Alliierten bei der Landung in der

Normandie oder von der Situation der Bauern in Frankreich zwischen 1428 und 1432! Zu blöd!

Alleinsein schreckt mich überhaupt nicht: Ich liebe es, das Haus ganz für mich zu haben, aber ich fand trotzdem, dass er übertrieb. Ich protestierte:

„Du bist eine treulose Tomate."

Er hat sich natürlich darüber lustig gemacht:

„Das ist meine Stärke … Auf jeden Fall sagst du nichts zu den Eltern, verstanden!"

Ich zuckte die Schultern. Soll er doch glücklich werden mit seinen Italienern!

Er war abgereist. Das Haus war leer, und da war ich plötzlich gar nicht mehr wütend. Ich fühlte mich frei … Frei!

Es ist toll, ein Haus für sich allein zu haben! Ich hatte Lust, alles Mögliche zu tun … Kramen zum Beispiel. Wo herumkramen? In dem Schrank, wo wir alles alte Zeug horteten. Ja, es war lange her, dass ich dort meine Nase hineingesteckt hatte.

So stieß ich auf eine Menge alter Fotos, auf denen sogar noch meine Urgroßeltern abgebildet waren, die starben, als ich noch klein war. Ich erinnere mich gar nicht an sie.

Auf dem Foto sahen sie alt aus, aber wahrscheinlich nur wegen ihrer Bekleidung, dermaßen traurig und altmodisch …

Sie waren sicher nicht alt, denn sie hielten ihre Tochter Élise (meine Großmutter) an der Hand, die nach fünf oder sechs aussah, und jeder von ihnen hatte ein Baby auf dem Arm (meine Großtanten, Zwillinge).

Das Haus aber schien älter zu sein als heute, das Haus, das „Unglück bringt". Mein Vater hatte dieses Wort vielleicht nur im Scherz fallen lassen, aber mein Eindruck war das in jenem Moment nicht gewesen.

Ich sah mir genau die Türe und die Fenster an, die des Wohnzimmers, die der Schlafzimmer, die des Dachgeschosses (wo man für mich allein eine Ecke eingerichtet hatte), die der Küche. Es war ein gewöhnliches Haus, ein wenig anders als heute, da man es kürzlich renoviert hatte. Dass mein Vater so etwas darüber gesagt hatte, wunderte mich umso mehr. Vermutlich wollte er damit etwas andeuten, wovon ich keine Ahnung hatte. Hatte sich dort einmal ein Drama abgespielt?

Noch bevor ich mir meiner Gedanken bewusst wurde, hatte ich beschlossen: Ich würde hinfahren. Für das Telefon die Rufumleitung! Armel hatte eine großartige Idee gehabt, mich daran zu erinnern, dass es so was gab. Ich konnte ganz normal das Telefon abnehmen und jeder glaubte, ich sei hier.

Ich weiß nicht, ob das richtig war. Alles ist zu …

Trotzdem bedaure ich nichts.

Ich packte ein paar Sachen in meine Reisetasche, ich drehte den Gashahn zu, schloss die Tür ab und ging zum Bus.

Das Haus mit den blauen Fensterläden

Alles war zu, das Haus verschanzt in der Stille hinter seinen blauen Fensterläden. Ich konnte nichts anderes erwarten, und trotzdem war das ein Schock: Nie hatte ich es so gesehen! Es erschien mir fremd, fast feindlich.

Beunruhigt sah ich rasch nach rechts und nach links und bemerkte zum ersten Mal, dass das Nachbarhaus mehr als einhundert Meter entfernt war, verborgen hinter riesigen Hecken, und dass das einzige andere Wohnhaus, das man dort in der Ferne sah, der Hof von La Grabottine war. Man konnte davon nur den oberen Teil des Daches erkennen.

Ich betrachtete die stumme Fassade noch einmal aufmerksam und gebe zu, dass ich um ein Haar gleich wieder gegangen wäre. Was war mir nur eingefallen, hierher zu kommen?

Das Einzige, was mich zurückhielt, war, dass es nicht einen Bus mehr vor dem nächsten Morgen gab, um wieder nach Hause zu fahren … und vielleicht auch die Scham, das nun nicht auch auszuführen, was ich mir doch vorgenommen hatte. Ich strich mit der Hand hinter den Blumenkästen entlang, wo die Primeln (um die sich Mamie so liebevoll gekümmert hatte) verdurstet waren, fasste den Schlüssel und öffnete die Tür.

Ich ließ meine Tasche auf den Boden fallen. Das Licht, das durch die Fensterläden eindrang, schien mir eiskalt zu sein. In dem großen Raum, der gleichzeitig als Küche und als Esszimmer diente, sah der Tisch ungewöhnlich vollgestellt aus. Ich stieß einen Fensterladen auf.

Ja, der Tisch war gedeckt. Es standen dort Teller – zwei –, eine große leere Schüssel, ferner eine angebrochene Flasche Wein und die Wasserkaraffe zwischen großen, runden und glänzenden Flecken, die sich auf dem Tischtuch ausgebreitet hatten.

Wachs. Das Wachs, das von den Kerzen getropft war!

Mir wurde bewusst, dass jener Abend der Heilige Abend war, und dass man seither nichts angerührt hatte. Die Polizei hatte die Türe versiegelt, so lange die Untersuchung andauerte, und danach

hatten meine Eltern nicht mehr den Mut gehabt, hier hereinzukommen.

Ich lehnte mich gegen die Wand, rutschte langsam herunter bis in
die Hocke und brach in Schluchzen aus. Plötzlich fühlte ich in meinem Körper die Leere: Meine Großeltern waren tot. Tot! Sogar die
Primeln wussten es. Bis jetzt war dieser Gedanke nur eine schreckliche Nachricht gewesen, aber nun erfasste ich wirklich, was ihre
Abwesenheit bedeutete und dass ich sie nie wieder sehen würde.

Ich weiß nicht, wie viel Zeit verging. Meine Tränen hörten langsam auf zu fließen. Ich schämte mich nicht, dass ich wie ein Kind
geweint hatte, denn niemand hatte mich gesehen. Der Blick der
anderen macht alles kompliziert. Jetzt fühlte ich mich wohler.

Es war kalt, kalt und feucht. Ich wusste, dass sich im Keller ein
großer Heizkessel befand, aber ich wusste nicht, wie man ihn ein-
schaltet. Und ich glaube auch, dass ich ein wenig Angst davor
hatte, das Haus wieder bewohnbar zu machen. Die Vorstellung
lähmte mich, dazu kein Recht zu haben. Ich war nicht bei mir zu
Hause, sondern im Haus meiner Großeltern. Wenn ich alles in
Gang gesetzt hätte, wäre das gewesen, wie wenn ich ihren Platz
hätte einnehmen wollen. Ich wollte lieber die zurückhaltende Be-
sucherin bleiben.

Ich begann, den Tisch abzuräumen. Ich weiß nicht, aber ich stelle
mir vor, dass Großmutter das gewollt hätte, weil sie sich wirklich
geschämt hätte, diese Unordnung bei sich zu sehen.

In den Schüsseln war nichts mehr: Die Polizei hatte den Truthahn
zur chemischen Untersuchung mitgenommen, wahrscheinlich
auch das Gemüse und die Gläser (soeben hatte ich bemerkt, dass
keine mehr auf dem Tisch standen). Die Tests hatten nichts erge-
ben: nicht die geringste Spur von Gift. Es blieb ein vollkommenes
Rätsel.

… Pilou und Mamie hatten da gesessen, an ihrem gewohnten Platz.
Pilou hatte die große Gabel in den Truthahn hineingestochen und
das Fleisch mit seinem langen spitzen Messer angeschnitten (ich
bin sicher, dass er es wie üblich vorher an der Zementkante des
Fenstersimses geschliffen hatte), als …

Als was?

Mamie war natürlich auch da, hatte man in ihrem Teller doch Spuren von Jakobsmuscheln gefunden und den Abdruck ihres Lippenstifts auf dem Glas.

Pilou schneidet den Truthahn auf. Plötzlich hört er damit auf. Er verlässt mit Mamie das Haus, sie gehen bis zum Bach (hundert Meter) und sie ertrinken.

Die tausendste Wiederholung des Ablaufs brachte einen nicht weiter. Die zwei wichtigsten Fragen, auf die man vielleicht keine Antwort finden würde, waren: Warum waren sie mitten im Essen weggegangen? Wie konnten sie in zwanzig Zentimetern Wasser ertrinken?

Diese Fragen trieben alle um, die Polizei, die Nachbarn, die Familie. Wie sollte man sich damit abfinden, dass man nicht verstand?

Man konnte sich vorstellen, dass sie beim Essen durch jemanden oder etwas unterbrochen worden waren. Aber durch wen? Was? Warum?

Hatte jemand an die Tür geklopft? Pilou hätte dann im Schneiden innegehalten, während Mamie zur Tür ging.

Ich schritt bis zur Tür. Ich öffnete sie …

Wen hatte Mamie da gesehen? Einen Herumtreiber, der sie angegriffen hatte? In diesem Fall hätte man doch Zeichen von Gewaltanwendung gefunden. Nun, man hatte solche weder bei Mamie noch bei Pilou festgestellt. Bei Mamie fand sich nur da ein blauer Fleck, wo sie bei ihrem Sturz mit der Stirn auf einen Kiesel aufgeschlagen war. Niemand hatte sie niedergeschlagen, niemand hatte gestohlen, was immer es auch sei, und in dem bisschen Schnee, der in der Nacht gefallen war, hatte man keine Fußspuren ausmachen können, außer ihre eigenen, die zum Bach führten, und die der Putzfrau, die sie am nächsten Morgen gefunden hatte.

Nein, niemand hatte an die Tür geklopft, zumindest niemand, der Spuren hinterlassen hätte.

Oder aber, es hatte jemand geschrien, beim Bach, sie dorthin gelockt …

Aber am Bach hatte man ebenfalls nur ihre Fußspuren gefunden! Außerdem beantwortet das wohl kaum die Frage: „Wie ertrinkt man, zu zweit, in einem fast ausgetrockneten Wasserlauf?"

Was sonst noch? Hatten sie etwas gesehen? Tief in der Nacht konnte das nur ein Licht gewesen sein oder ein leuchtender Gegenstand.

Durch das hintere Fenster sah ich nach draußen. Es wurde Abend.

Ein Licht? Von welcher Art?

Bevor es Nacht sein würde … Ja, ich nahm all meinen Mut zusammen und ging hinaus. Ich rannte bis zum Bach und folgte dem Weg, den sie möglicherweise genommen hatten.

Ich kannte den Bach genau. Ich hatte dort oft Kaulquappen gefangen, um sie dann im Aquarium zu züchten. Das war in der Zeit, als ich mich für Amphibien begeisterte.

Er war von zwei Böschungen eingeschlossen, aber an der Stelle, wo der Pfad am Bach ankam, hatte man die Böschung abgetragen, um den Zugang zum Wasser zu erleichtern. Gegenüber, auf der anderen Seite, war vor Urzeiten ein ziemlich großer, mit Steinplatten befestigter Platz angelegt worden, wohin die Frauen früher zum Waschen kamen. Da hatte sich das Drama abgespielt.

Mit einem Satz sprang ich über den Bach und kraxelte die Böschung hinauf, die den Waschplatz umgab, indem ich mich an den Wurzeln eines Baumes festkrallte. (Was für einer es war, weiß ich nicht, ich kenne mich damit nicht aus.)

Ich weiß nicht, was ich auf dem darüber liegenden Feld zu finden hoffte. Ich lief dort kreuz und quer herum und betrachtete aufmerksam den Boden, vielleicht auf der Suche nach … Spuren von fliegenden Untertassen. Niemand sprach davon, trotzdem war ich überzeugt, dass alle wegen der vollständigen Unerklärlichkeit dieses Todes mehr oder weniger daran gedacht hatten.

Nun, ich war sicher ein wenig zu sehr vom Fernsehen beeinflusst. Im Film, wenn sich da ein Ereignis nicht erklären lässt, findet sich die Lösung oft bei Außerirdischen oder Geistern. Allerdings bin ich mir nicht sicher, ob die anderen auch daran gedacht hatten. Jedenfalls ließ niemand ein Wörtchen darüber verlauten, ich übrigens auch nicht. Ich hätte mich zu sehr geschämt: Es ist ja nicht nötig, als Depp vom Dienst angesehen zu werden, der an Märchen nach der Machart des Fernsehens im 21. Jahrhundert glaubt.

Ich entdeckte nichts Verdächtiges – außer dass mir der Bach plötzlich bedrohlich vorkam –, und die hereinbrechende Nacht machte mir Beine, auf dem schnellsten Weg wieder ins Haus zu gelangen. Ich warf die Tür hinter mir zu und machte Licht (ein Glück, dass man den Strom nicht abgestellt hatte).

Es war kalt, schrecklich kalt, hauptsächlich, weil es Nacht wurde und weil meine Schultern aus unerfindlichen Gründen so versteift waren, dass ich mich nicht entspannen konnte.

Über meinen Pullover und meine Jeans zog ich meinen Trainingsanzug, dabei bemerkte ich plötzlich, dass ich betete (zu Gott, an den ich bis jetzt nie geglaubt hatte), dieses Drama möge nicht das Werk von Außerirdischen oder von Hexen gewesen sein, denn wenn das der Fall wäre, dann könnten sie es auch auf mich abgesehen haben. Was war mir nur eingefallen, hierher zu kommen?

Ich war zu blöd gewesen, daran nicht zu denken, bevor ich weggefahren war: Etwas Schreckliches war meinen Großeltern zugestoßen, und mir war nicht eine einzige Sekunde in den Sinn gekommen, dass da vielleicht eine Familiengeschichte dahinterstecken könnte. Und ich gehörte zu dieser Familie!

Es wäre sinnvoller, wenn ich mich an vernünftigere Erklärungen halten würde. Ein Unfall? Rache?

Bei Rache konnte es sich nur um eine Verwechslung von Personen handeln, denn wer sollte meinen Großeltern böse sein, solch ganz und gar netten, umgänglichen Leuten.

Um mir nicht mit Geschichten über Unheil oder über Spukhäuser Angst zu machen, beschloss ich, alles durchzufilzen, so wie es die Polizei macht, wenn sie Beweise sucht. Welche Art von Beweisen? Ich hatte keine Ahnung, und obendrein schämte ich mich ein bisschen, Sachen zu durchstöbern, die mir nicht gehörten.

Ich beruhigte mich bei dem Gedanken, dass meine Großeltern deshalb sicher nicht verärgert wären – denn es brauchte viel, um sie zu ärgern – und sie sich vielleicht sogar freuen würden, dass ich sie viel zu lieb habe, um es hinzunehmen, mir ihren Tod nicht erklären zu können.

„Mein Vater ist ein toller Typ", sagte Papa, wenn er von Pilou sprach. Er empfand aufrichtige Verehrung für seinen Vater, „so geduldig, so freundlich, äußerst aufmerksam gegenüber seiner Frau und seinem Sohn".

Ich öffnete die Schublade des Buffets: Darin befand sich ein Scheckheft (niemand hatte daran gedacht, es in Verwahrung zu nehmen!), Kugelschreiber, Bleistifte, ein Stift Siegelwachs (der mir immer rätselhaft vorgekommen war), jede Menge Schlüsselanhänger, Briefmarken und das Familienbuch.

Ich öffnete es.

6. Januar 1944, René Blestin hatte Élise Jugan geheiratet.

Auf der Seite für die Kinder stand nur der Name meines Vaters: Jean-Paul Blestin.

Er war der einzige Sohn, und ich glaube, dass er sehr verwöhnt worden ist, vor allem von seinem Vater, der ihm alle Launen durchgehen ließ (er gibt das heute lachend zu). Seine Mutter war strenger und dennoch verträumter. Sie wirkte oft zerstreut, müde. In gewissen Momenten, so erzählte mein Vater, hätte man gesagt, sie denke gar nicht mehr daran, dass es ihn gibt, und in anderen wiederum, da hätte sie ihn so an sich gedrückt, wie wenn die Gefahr drohe, ihn zu verlieren. Und dann fiel sie wegen nichts in Ohnmacht, was Pilou jedes Mal Sorgen bereitete, obwohl er nach fünfzig Jahren Ehe doch daran gewohnt sein musste!

War ihr das zugestoßen? War sie in Ohnmacht gefallen und … ?

Aber warum im Bach? Und warum auch Pilou?

Mir war eiskalt. Zu den Kleidungsstücken, die ich bereits übereinander trug, zog ich meine Jacke an und obendrauf den riesigen irischen Pullover von Pilou. Pilou war groß und kräftig: Der Pullover reichte mir bis zu den Knien. Ich fühlte mich wohler.

Wo sollte ich schlafen? Nicht im Schlafzimmer meiner Großeltern. Unmöglich. Ich ging zum Dachgeschoss hinauf, wo man für mich ein Zimmer eingerichtet hatte, als man die Etage renovierte.

Ich schreckte aus dem Schlaf auf. Jemand klopfte. Aber wo?

Es war stockdunkel, Nacht, wie man sich das nicht vorstellen kann. Wenn man in der Stadt lebt, weiß man nicht, was eine richtige Nacht ist, ohne Straßenbeleuchtung, ohne Neonreklame, ohne den geringsten Lichtschein.

Mit klopfendem Herzen setzte ich mich auf mein Bett und lauschte. Es war da ein dumpfes, regelmäßiges Geräusch, als ob es das Haus erschüttern wollte.

Ich verkroch mich unter der Bettdecke und zog sie mir weit über den Kopf. Ich hatte mich nicht ausgezogen, und trotzdem bibberte ich vor Kälte.

Es war furchtbar. Eine schreckliche Nacht. Diejenigen, die klopften, wussten, dass sich jemand im Haus befand ... „Ein Haus, das Unglück bringt." Warum hatte das mein Vater gesagt, er, der weder an Geister noch an Außerirdische glaubte? Mein Gott, wenn es dich gibt, beschütze mich!

Ein Schrei

Telefon! Ich mache einen Satz.

Wie jedes Mal seit diesem schrecklichen Drama, macht mir das Läuten des Telefons Herzklopfen.

Es ist Armel.

„Wie geht's?"

„Ganz gut."

„Na dann."

Er fragt mich nicht, wo ich bin.

„Also dann, tschüss! Pass auf dich auf und mach keine Dummheiten."

Wenn der wüsste! Frechheit! Schon aufgelegt. Dem kann's nicht schnell genug gehen!

Ist es nötig, mir einen solchen Schrecken einzujagen, nur um sich davon zu überzeugen, dass ich noch lebe?

Trotzdem beweist dieser Anruf von Armel, dass er kein sehr gutes Gewissen dabei hat, mich so sitzen zu lassen. Wenn er wüsste, wo ich bin, da würde er aber dumm aus der Wäsche schauen.

Auf jeden Fall werde ich nicht da bleiben, wo ich jetzt bin. Ich werde schnellstens meine Tasche fertig machen und …

Bumm! … Was ist jetzt los?

Ich weiß nicht warum (vielleicht weil draußen die Sonne scheint), aber das jagt mir weniger Angst ein. Ich schleiche in die Küche und höre gespannt in Richtung Schuppen. Von dort kommt das.

Bumm! … Tapfer öffne ich die Tür einen Spalt weit … Bumm! Es ist der Fensterladen, der nicht festgemacht ist.

Bin ich blöd! Das ist ja wie in einem Horrorfilm. Am Anfang eines Horrorfilms, wenn man da ein Geräusch hört, dann sind es immer die Fensterläden. Erst danach wird es dann schlimm.

Aber ich bin ja nicht in einem Film. In Wirklichkeit ist da ein Fensterladen, der anschlägt, und nichts weiter, kein blutrünstiger Vampir wirft sich auf einen. Das hoffe ich.

Ich werde doch nicht vor einem blauen Fensterladen flüchten, nach was würde das aussehen? Ich werde mindestens bis morgen bleiben, um das zu tun, was ich mir vorgenommen hatte: zu den Nachbarn zu gehen, um mit ihnen zu sprechen.

Ich kenne die Nachbarn nicht gut, und ich bin ein bisschen schüchtern (was die Sache natürlich nicht leichter macht), jedoch bin ich entschlossen. Ich weiß ganz genau, dass wenn ich es nicht tue, ich es mein Leben lang bereuen würde.

Der Polizei zufolge hat die Nachbarin nebenan in jener Nacht nichts gehört, was sich damit erklären lässt, dass sie leicht schwerhörig ist. Dagegen hat der Bauer von da hinten Schreie gehört. Unvermeidlich, ihn zu besuchen.

Ich zog den großen irischen Pullover von Pilou und auch den Trainingsanzug aus, um nicht zu idiotisch auszusehen. Mit meinem Pullover, meinen Jeans und meiner Jacke dürfte ich warm genug angezogen sein. Sich auszuziehen um hinauszugehen, das war jedenfalls einmalig!

Ich steuerte langsam auf La Grabottine zu. Ich kannte den Hof gut, denn während der Ferien war ich jeden Abend mit meiner Großmutter dorthin gegangen, um Milch zu holen.

„Du trägst den Topf, damit Mamie sich nicht anstrengen muss", riet mir Pilou.

Meine Großmutter lachte:

„Wenn es nach René ginge, müsste ich den Tag im Sessel verbringen, um mich nur ja nicht zu ermüden."

Ich fand, dass sie von Glück sagen konnte, einen derart netten Mann zu haben. Papa sagte im Spaß, dass er weit davon entfernt sei, ein ebenso guter Ehemann und ein ebenso guter Vater zu sein, aber daran sei bestimmt der liebe Gott schuld, der aus ihm keinen Heiligen machen wollte; ein Heiliger in der Familie, das war wohl genug.

Der Bauer erkannte mich nicht, und ich musste erklären, dass ich Nathanaëlle Blestin heiße und die Enkeltochter aus dem blauen Haus bin. Und da schüttelte er plötzlich den Kopf, kratzte sich die schlecht rasierte Wange und wiederholte Unglücksworte und

Merkwürdigkeiten, sogar, dass er deswegen nächtelang nicht geschlafen hatte.

Ich fragte ihn:

„Haben Sie etwas gehört, damals, in jener Nacht?"

„Ja … Das, was ich der Polizei erklärt habe. Verstehen Sie, wenn man allein lebt, dann ist die Weihnachtsnacht schrecklich. Ich schlief nicht. Und dann habe ich einen Schrei gehört … Aber hier auf dem Land ist das nichts Ungewöhnliches. Ich dachte an ein Käuzchen oder an einen Fuchs, weiß der Teufel was. Manche sagen, dass da nachts Tiere sind … na ja, komische Tiere, die herumstreunen. Ich begreife nicht, was Réne und Élise einfiel, in die Dunkelheit hinauszugehen. Sie hätten das nie tun dürfen."

„Glauben Sie, dass sie von einem Tier angefallen worden sind?"

„Möglich. Es gibt fürchterliche darunter! Tiere, auf denen der Teufel reitet. Es gibt auch allerlei Kobolde …"

Ich versuchte, etwas zu erwidern; solche Geschichten, die sind doch aus Büchern. Die Feen und die Kobolde, das ist wirklich ein bisschen von gestern in der heutigen Welt, und dann ist es keine Erklärung dafür, warum meine Großeltern hinausgegangen sind.

Der Alte behauptete das. Die Feen rufen, um die Leute nach draußen zu locken, und dann bringen sie sie um.

Das würde erklären, warum man keinerlei Fußspuren gefunden hat … Nein, ich wollte mir solche Geschichten ersparen, bei denen man im Stehen einschläft. Um mich an etwas Konkretes zu halten, fuhr ich fort:

„Die Polizei hat gesagt, dass Sie jemanden schreien gehört haben und dass es vermutlich mein Großvater war, als er meine Großmutter in dem Bach entdeckte."

„Ich habe das gesagt? Nein. Ich habe nur gesagt, dass ich etwas schreien gehört habe, und dass, wenn ich es mir recht überlege, das durchaus eine menschliche Stimme gewesen sein könnte. Danach haben die das interpretiert, aber ich finde das schon komisch, weil ich selbst eher den Eindruck von einer weiblichen Stimme gehabt habe."

Meine Großmutter? Sie soll einen Schrei ausgestoßen haben? Warum? Einen so lauten Schrei, dass er von hier zu hören war?

„Welche … Welche Art von Schrei?"
„Ein schrecklicher Schrei. Ja, schrecklich."
Ich fühlte mich wie gefoltert. Warum sollte eine so ausgeglichene Frau plötzlich zu schreien anfangen, wenn nicht aus Entsetzen?
„Vielleicht weil sie ihren toten Mann entdeckte", erwog der Bauer.
Ich antwortete nicht. Man hatte Pilou aufgefunden mit dem Arm um die Schultern von Mamie geschlungen; er ist also nach ihr gestürzt.

Dieser Schrei hatte einen ungeheuren Eindruck auf mich gemacht. Bislang hatte ich wie meine Eltern geglaubt, dass es sich um einen heftigen Ausruf handelte, den Pilou ausgestoßen hatte, als er Mamie im Bach entdeckte. Und jetzt bekam er eine ganz andere Bedeutung.
Auf dem Rückweg zum Haus dachte ich über diesen alten, einsamen Bauern nach. Hatte er sich das nicht ausgedacht? War nicht er es, der geschrien und meine Großeltern dorthin gelockt hatte? Um zu ihm zu gehen, hätten sie also den kürzesten Weg genommen, den über den Bach. Mamie hätte den Sprung nicht geschafft und wäre gestürzt …
Allerdings wäre Pilou bei ihr gewesen, und selbst wenn sie der Aufschlag auf einen Stein betäubt hätte, wäre er sofort zur Stelle gewesen, um sie vor dem Ertrinken zu retten. Alles blieb immer gleich unverständlich, außer dass ich mir jetzt vorstellte, meine Großmutter müsste etwas Entsetzliches gesehen oder empfunden oder gehört haben.
„Meine Eltern", sagte Papa, „habe ich nie streiten hören. In fünfzig gemeinsamen Jahren, das ist beachtlich, nicht wahr?"
Und wenn sie sich an jenem Abend zum ersten Mal gestritten hätten? Wäre Mamie im Zorn davongelaufen und dann in dem Bach verunglückt?
Wenn ich wütend bin, dann gehe ich in mein Zimmer und schlage die Tür hinter mir zu. Konnte Mamie heftiger reagieren als ich? In ihrem Alter? Wie hätte Pilou sie derartig in Rage bringen können?

Da ich die beiden kannte, konnte ich nicht an diese Version glauben.

Ich verbrachte den Rest des Tages damit, Einkäufe im Lebensmittelgeschäft zu machen, ein bisschen zu kochen und in Pilous Büro herumzukramen, aber ich fand nichts, was hilfreich gewesen wäre. Gewiss, es gab da unheimlich viele Briefe von unheimlich vielen Leuten, aber, offen gestanden, konnte ich mir nicht vorstellen, all das zu lesen. Zumal diejenigen, die ich überflog, mir vollkommen belanglos erschienen … , und außerdem war es sehr indiskret. Es gab da Briefe von Pilous Schwester, von meinem Vater und sogar von mir, als ich im Ferienlager war. Diese allerdings las ich. Nichts besonderes, von der Art „Das Wetter ist schön und ich habe viel Spaß". Die Rechtschreibfehler erspare ich euch.

Später, und trotz meiner Skrupel, warf ich noch einen Blick in die übrige Post. Welche Aneinanderreihung von Banalitäten! Mitunter von einem Jules, der die Grippe hatte, einer Simone, die in Gedanken bei ihnen war, einer Marguerite, die zum ersten Mal im Meer gebadet hatte.

Ich ging eisgekühlt schlafen, ohne mich zu waschen und mir nicht einmal die Zähne zu putzen. Mit einem Mal verstand ich, warum die Menschen früher nicht so besonders sauber waren: Ohne Heizung, ohne warmes Wasser in der Dusche, ohne Dusche und Waschbecken überhaupt, erforderte es wahrhaft Charakterstärke, sich zu waschen. Wenn ich in diesen vergangenen Zeiten gelebt hätte, wäre ich, verfroren wie ich bin, sicher ziemlich schmuddelig gewesen.

In dieser Nacht dann – man könnte darüber wahlweise lachen oder weinen – gab es kein Klopfen. Es gab ein Pfeifen. Ein pfeifendes Gespenst … ihr versteht, was ich meine. Ich sprach auf diese Weise mit mir, um mir nicht eingestehen zu müssen, dass ich Angst hatte. Die Sache mit dem klopfenden Gespenst hatte mich in meinen Augen ziemlich lächerlich gemacht, so dass ich gegen Panik ankämpfte.

Das Pfeifen hielt die ganze Nacht an, und ich versuchte mich mit dem Gedanken zu beruhigen, dass es der Wind auf dem Dachboden sei. An welcher Ecke konnte er ein solches Geräusch hervorrufen? Ich weiß nicht, ob das Haus „Unglück brachte", aber es verstand sich darauf, Angst zu machen.

Die Ursache des Geräuschs entdeckte ich am nächsten Morgen. Und das war der Grund, weshalb sich plötzlich alles wendete.

Sieh mal an!

Am Morgen schlüpfte ich wieder in Pilous Pullover. Es war mir egal, wie ich in diesem Aufzug aussah, ich glaube sogar, dass es mir gefiel, hässlich zu sein. Das Pfeifen war immer noch da, was einfach bedeutete (ich war auf meine Gefasstheit stolz), dass der Wind immer noch in die gleiche Richtung blies. Manchmal reicht eine einfache Erklärung aus, damit die Dinge ihr beklemmendes Gewicht verlieren.

Ich hatte eigentlich keine Angst, auf den Dachboden zu gehen: War ich womöglich mutiger als ich glaubte? Ich stand ein Weilchen still um zu lauschen. Das Pfeifen kam von rechts, von der Dachluke her. Ich näherte mich ihr auf Zehenspitzen, wie um den Wind nicht zu stören, und spitzte die Ohren. Es kam von da ... Da! Zwischen der Verstrebung der Dachluke und dem Dachbalken. Ja, da war etwas ... Ein Stückchen Karton.

Vergeblich versuchte ich, es mit den Fingernägeln zu fassen. Ich musste ins Badezimmer hinuntergehen, um eine Pinzette zu holen, und damit gelang es mir, es herauszuziehen.

Es war kein Stückchen normaler Karton, es war ein Foto, durch Witterungseinflüsse ziemlich beschädigt. Es durfte da seit Jahren stecken. Man sah darauf einen Mann, eher jung (wenngleich auf Fotos von früher, wie ich schon gesagt habe, die Leute immer älter aussehen als sie sind). Genauer betrachtet, sah er nicht schlecht aus. Schlank, mit einem etwas kantigen Gesicht. Er trug einen kurzen, engen Pullover – sicher damals Mode – und eine Hose, deren Schnitt ihm sehr gut stand und deren unterer Teil zerfressen war ... durch den Schimmel auf dem Foto.

Er sah fröhlich aus, die Hände in den Taschen. Er lachte. Ich versuchte mir vorzustellen, wie er heute, älter geworden, aussehen könnte, um herauszufinden, ob er vielleicht zur Familie gehörte. Aber wenn ich mich nicht irrte, dann kannte ich ihn nicht.

Unter normalen Umständen wäre es mir nicht wichtig gewesen zu wissen, um wen es sich hier handelte. Doch jetzt, in dieser

schwierigen Zeit, weckte das Foto eines Unbekannten, einge-
klemmt in die Verstrebung der Dachluke, meine Neugier.
Denn (da lasse ich mir nichts vormachen) es war nicht von selbst
dort hingekommen! Jemand hatte es versteckt, gut versteckt, und
ich hätte gewettet, dass es ein Mädchen war … Obwohl ich es
recht seltsam finde, dass ein Mädchen von damals dieselbe Reaktion haben sollte wie ein Mädchen von heute: das Foto ihres Freundes zu verstecken (vielmehr ihres Verehrers, wie die Alten sagen),
damit es die Eltern nicht finden.
Also … Wessen Verehrer war das? Eines Mädchens aus dem Haus
wahrscheinlich, aber welches? Meine Großmutter hatte fünf
Schwestern. Ich betrachtete das Foto noch einmal genau. Nein, das
war keiner der Ehemänner meiner Großtanten, zumindest kam es
mir so vor.
Plötzlich kam mir ein Gedanke, und ich stürzte in Pilous Büro, um
die alten Fotos in der Holzschachtel durchzusuchen. Ich könnte
diesen jungen Mann vielleicht zusammen mit anderen wiederfin-
den und so herausbekommen, wer er war!

Ich verbrachte die nächste Stunde damit, die Fotos durchzusehen,
ohne auch nur einmal auf diesen Typen zu stoßen. Ich war ganz
aufgeregt bei dem Gedanken, eine meiner Tanten auf frischer Tat
einer „Freundschaft" zu ertappen … Sie alle, die nicht aufhörten,
mir zu sagen, dass zu ihrer Zeit dieses und jenes nicht in Frage
kam. Ohne Einverständnis der Eltern mit einem Jungen auszuge-
hen. Und dass es nur mit dem Jungen erlaubt war, den man später
heiraten würde. Und dass man nicht wie heute alle sechs Monate
einen neuen Verehrer hatte und so weiter und so fort.
Was mich betrifft, ich wechsle nicht alle sechs Monate den Verehrer. Ich habe nämlich gar keinen. Natürlich, es gab da … Na ja!
Es lohnt nicht, darüber zu sprechen, belanglos. Und dann wäre es
schließlich mein Wunsch, einen jungen Mann zu finden, den ich
mein Leben lang lieben könnte. Es ist schon möglich, dass alle sich
das wünschen, aber das trifft man nicht so leicht. Und was, wenn
der, den ich suche, in China oder in Australien wohnt?

Ich betrachtete den Abzug erneut und dachte nach. Es war ebenso gut möglich, dass eine der Schwestern Jugan ein Foto von einem jungen Mann besaß, in den sie verliebt war, ohne dass das beweist, dass sie mit ihm ging, nicht einmal, dass der junge Mann davon wusste. Meine Freundin Julie läuft mit einem Foto von Frédéric herum, während der davon keine Ahnung hat.

Dieses Thema lenkte mich eine ganze Weile von meinen Sorgen ab, und für kurze Zeit hatte ich sogar vergessen, dass ich traurig war. Ich steckte das Foto in die Innentasche meiner Jacke.

Warte mal! Wenn es jetzt zum Beispiel jemand bei mir finden würde, wäre er davon überzeugt, dass es sich dabei um meinen Freund handelt. Woraus hervorgeht, dass man sich täuschen kann … Und auch ich täuschte mich vielleicht vollständig darüber, wer dieser Kerl war.

Plötzlich dachte ich an den alten Bauern. Könnte er das sein? Wiederum prüfte ich das Gesicht: Der junge Mann sah nicht wie ein Bauer aus, eher wie ein Student oder etwas in der Art.

Das war schnell dahingesagt. Wie kann man das wissen? Er könnte sich stark verändert haben. Und doch, nein! Das war er nicht. Der Bauer, der hatte einen etwas eigenartigen Blick, er schielte fast. Nicht der junge Mann auf dem Foto.

Wieder dachte ich an den Alten. Könnte er so deprimiert gewesen sein, Weihnachten ganz allein verbringen zu müssen, dass er geschrien hätte, meine Großeltern aufgescheucht hätte? Hätte jemand anderes vielleicht um Hilfe schreien können? Hat die Polizei auch wirklich jeden vernommen?

Die Polizei führt ihre kleine Untersuchung durch, aber man begreift genau, dass es sich nicht um ihre eigenen Großeltern handelt. Deshalb verirren sie sich in Geschichten von Streit oder von Selbstmord … Was für ein Blödsinn, wenn man René und Élise Blestin kennt.

Ich erinnere mich, dass in dem Winter, in dem Mamie sich eine Lungenentzündung geholt hatte, Pilou Tag und Nacht bei ihr wachte, ohne eine Minute die Augen zu schließen. Und als der Arzt bekannt gab, dass sie gerettet sei, hat er in der Kirche eine riesige

Kerze aufgestellt, und er hat vierundzwanzig Stunden am Stück geschlafen, nachdem er sich davon überzeugt hatte, dass Maman sich zuverlässig um seine Frau kümmern würde.

„Meine Eltern", sagte mein Vater, „sind ein außergewöhnliches Ehepaar!"

Ich weiß, dass er in Wirklichkeit damit vor allem seinen Vater meinte, weil seine Mutter viel verschlossener war, zurückhaltend, immer ein wenig leidend, was Pilou zwang, sich für sie abzurackern, um ihr das Leben so leicht wie möglich zu machen.

Dies waren meine Gedanken, als das Telefon läutete. Herzklopfen! Meine Eltern!

Sie riefen aus Nepal an. Sie entschuldigten sich dafür, weil sie die Wirkung eines läutenden Telefons auf mich kannten, aber sie wollten eine Nachricht von uns haben. Ging es mir gut? Und mein Tanzkurs?

Mist, den hatte ich ganz vergessen! Ich antwortete mit ja.

„Es war richtig, sich für diese Reise zu entscheiden", fuhr meine Mutter fort. „Es geht schon viel besser. Es tut mir leid, dass du nicht bei uns bist. Hier ist alles so anders, dass wir wirklich auf andere Gedanken kommen. Und dann ist in einem solchen Land der Tod nicht so dramatisch. Wir waren bei Einäscherungen (weißt du, in Nepal verbrennt man die Toten wie in Indien). Das geschieht am Ufer des heiligen Flusses, dem Bagmati. Ich gestehe, dass ich es trotzdem ziemlich schwer ertragen habe … Heute Nachmittag werden wir Tempel in Kathmandu besichtigen, das heißt weitere Tempel, denn es gibt sie überall. Es ist sehr schön. Aber schließlich kann ich dir am Telefon nicht alles erzählen."

Ich wusste: Eine Minute am Telefon kostete sie soviel wie ein gutes Essen für zwei Personen im Restaurant (man muss allerdings zugeben, dass das Restaurant dort nicht sehr teuer ist, aber trotzdem …). Ich bestätigte, dass alles in Ordnung sei, dass wir schönes Wetter hätten, dass Armel Musik übe (ohne Details anzugeben). Kurz, ich schaffte es, nicht zu lügen und dennoch nicht die Wahrheit zu sagen. Was hätte ich anderes tun sollen? Wenn sie wüssten, dass ich allein in Saint-Jean bin und Armel währenddessen auf einer Tournee in Italien, müsste ich ihnen versprechen, sofort nach Hause zu fahren, und Armel würde was zu hören bekommen (und das zurecht). Aber vor allem würde das ihnen die Reise verderben, ohne zu etwas nützlich zu sein.

Uff! Maman verabschiedete sich durch das Knacken der Leitung hindurch, ohne mich gefragt zu haben, wo ich bin. Warum hätte sie das auch tun sollen? Die ganze Zeit, während sie mit mir sprach, hat sie mich bestimmt in einem Sessel im Wohnzimmer lümmeln sehen.

Leicht bedrückt von einem unbestimmten Schuldgefühl (ich hasse es zu lügen), brauchte ich ein Weilchen, um meinen Gedankengang von zuvor wieder aufzunehmen ... Ach ja! Die wichtige Frage war: Hatte die Polizei auch wirklich alle verhört?

Sie hatten schon nicht richtig verstanden, was der alte Bauer ihnen gesagt hatte – und wenn ich daran dachte, wurde mir wieder übel, aufgrund des Schreis.

Es war unbedingt notwendig, die andere Nachbarin zu besuchen, die weiter draußen, fast am Ortseingang, in dem Haus hinter den Hecken wohnte. Sie war eine alte Nörglerin, mit der meine Großmutter kaum Kontakt pflegte, weil sie sie nicht sehr mochte. Allerdings hatte Mamie nicht die Angewohnheit, negativ über andere, egal wen, zu urteilen.

Virgile

Bevor ich die Nachbarin sah, hörte ich ihren schleppenden Gang im Flur, dann, wie man die Riegel misstrauisch aufzog und die Türe vorsichtig einen Spalt öffnete.

Mir war nicht wohl in meiner Haut, wie Pilou zu sagen pflegte. Manchmal hat man Angst, ohne zu wissen warum. Mein Herz schlug heftig, und doch wusste ich nicht, was ich von ihr zu befürchten hätte.

Sie hatte mich wohl für nicht wirklich gefährlich gehalten und öffnete mir schließlich, als ich sagte, dass ich Nathanaëlle Blestin bin. Und da musterte sie mich einen Moment lang und zog die Nase in Falten, bevor sie verkündete, dass das sicher wahr sei, denn ich würde meiner Großmutter ähnlich sehen.

Meine Großmutter hatte sie sehr wohl gekannt, obwohl sie eher zum Jahrgang ihrer jüngeren Schwester zählte.

Ich entschloss mich, ihr den Grund meines Besuchs offen zu sagen: Hatte sie in jener Nacht jemanden schreien hören?

Nein, sie hatte nichts gehört, was normal ist, da sie ja ein bisschen schwerhörig war.

„Nicht einmal einen lauten Schrei?"

Man sah ihr an, dass sie nichts von einem Schrei wusste. Wie also hätte sie dann einen eventuellen Hilferuf vor diesem Schrei hören sollen?

Nicht ohne Gewissensbisse (wie wenn ich ein Geheimnis verraten würde) entschloss ich mich, das besagte Foto herauszuholen, das sich in meiner Jacke verbarg.

Die Alte trug eine starke Brille. Sie hörte kaum und sah sicherlich auch nicht viel. Um es in Augenschein zu nehmen, musste sie sich das Foto direkt vor die Nase halten, und indem sie sich die Brille nach oben auf die Nase bugsierte, führte sie schreckliche Grimassen aus.

Schließlich verkündete sie:

„Natürlich kenne ich den, dieses dreckige Gesindel."

Ich verstand nicht, was sie damit sagen wollte, es kam mir nur einfach als nicht sehr nett vor. Ich fragte vorsichtig:

„Ist es jemand von meiner Familie?"

Sie schüttelte energisch den Kopf, wie wenn ich eine Ungeheuerlichkeit geäußert hätte, und schließlich murrte sie:

„Oh! Ich sah genau, dass er etwas mit der Tochter Jugan hatte. Am Bach, wohin sie gingen, an dem alten Waschplatz. Mir war das ganz egal, das war nicht mein Bier. Sie glaubten, man würde sie nicht sehen. Ich aber, ich konnte sie durch das Belüftungsloch des Heubodens beobachten."

Obwohl ich mich meiner Neugier ein bisschen schämte, gab ich nicht nach:

„Welche Tochter Jugan?"

„Na, die Él…"

Sie hörte abrupt auf zu sprechen, als ihr bewusst wurde, was sie da fast gesagt hätte, dann beendete sie ihren Satz mit einem verlegenen Ausdruck:

„Élise. Aber schließlich – all das sind doch alte Sachen."

Ich war verblüfft. Meine Großmutter hatte einen „Geliebten" gehabt?

„War das … bevor sie meinen Großvater kennen gelernt hatte?", fragte ich mit unsicherer Stimme.

„Aber ja, sicher. Sie hatte Glück, ihn kennen zu lernen, um sich heiraten zu lassen. Das ist nun wirklich eine, die eine gute Partie gemacht hat!"

Ich sagte nichts. Das Vokabular kam mir vor wie aus einem anderen Jahrhundert, einer Zeit, wo die Mädchen sich „heiraten ließen" und „eine gute Partie machten".

Ich wusste nicht genau, was sie darunter verstand und erkundigte mich:

„Eine gute Partie?"

„Na ja, der Kerl … also dein Großvater, der hatte Vermögen, und nicht wenig. Seine Familie besaß alle Kornspeicher der Umgebung, außerdem die Getreidemühlen, und ich weiß nicht, was sonst noch."

Ah! Eine gute Partie bedeutete nicht eine glückliche Ehe, es bezeichnete offenbar eine Ehe mit jemandem, der reich war. Wirklich merkwürdig.

„Natürlich hatte die Élise guten Grund, schließlich den anderen zu nehmen, den René, weil mit diesem bösen … "

Sie warf noch einmal einen angewiderten Blick auf das Foto. Ich weiß nicht warum, aber das tat mir ein bisschen weh.

Doch, ich weiß warum: Ich hatte diesen Mann auf dem Foto gern, und meine Großmutter war früher offenbar verliebt in ihn gewesen. Deshalb zögerte ich, meine Ermittlung fortzusetzen (wie man bei der Polizei sagt). Ich glaube, dass ich gleichzeitig traurig und enttäuscht war.

Ich erkundigte mich trotzdem:

„Wohnte er hier?"

„In Saint-Léonard, drei Kilometer von hier, wie dein Großvater."

Wie mein Großvater?

Neugierig fragte ich:

„Kannten sie sich?"

„Selbstverständlich kannten sie sich, sie waren Freunde, jedenfalls so lange sie Kinder waren. Später ist das kaputt gegangen. Sie gehörten ganz und gar nicht zum gleichen Lager."

Ich nahm an, dass der Grund dafür meine Großmutter war.

„Pack das weg", sagte sie, indem sie auf das Foto zeigte, „und wirf es weg. Ich ertrage es nicht, ihn zu sehen. Er ist es, der meinen Mann umgebracht hat."

Mir verschlug es den Atem. Mamie bewahrte in einem Versteck auf dem Dachboden das Foto eines Mörders auf?

Aber wahrscheinlich erinnerte sie sich nach all diesen Jahren überhaupt nicht mehr daran, dass das Foto da war.

Ich fragte mich, ob ich sie um eine Erklärung bitten dürfte, als die Alte in einem merkwürdigen Ton weitersprach:

„Das bringt mich auf den Gedanken … René und Élise … sie sind genau da gestorben, wo sie ihre Verabredungen hatten, Virgile und sie."

Virgile! Was für ein komischer Name!

„Ja, am selben Ort", fuhr die Alte fort. „Das ist ja wohl kaum ein Zufall … Oh nein! Das ist kein Zufall."

Sie sah mich starr an, bevor sie hinzufügte:

„Wäre das denn möglich, dass er sie verflucht hat? Wäre das denn möglich, dass sein böser Geist nach Rache schrie?"

Ihr Blick versetzte mich in entsetzliche Angst. Ich sagte nichts. Ich glaube, ich wandte den Blick ab. Jedenfalls ging ich unauffällig auf die Türe zu. Und da schrie sie:

„Teufel noch mal, er war's! Man muss es der Polizei melden. Er ist zurückgekommen."

3. August 1943

„Er ist zurückgekommen." Sie sagte nicht, in welcher Form „er"
erschienen war, als Gespenst, wie ihre ersten Gedanken naheleg-
ten, oder aber einfach in Fleisch und Blut. Lebte dieser Kerl oder
war er tot?
Ich war derartig vor den Kopf gestoßen, dass ich nichts gefragt
hatte. Und gleichzeitig fand ich das so verrückt!
Ich weiß nicht, wie ich zu dem Haus mit den blauen Fensterläden
zurückfand. Lange blieb ich untätig in einem Sessel sitzen. Mir war,
als ob ich meine Großeltern gerade erst kennen lernen würde. Wie
hatte sich meine Großmutter nur in einen Mörder verlieben können? … Ein Wahnsinniger obendrein, der sie fünfzig Jahre später
mit seiner Rache verfolgte, weil sie einen anderen geheiratet hatte?
War ich in diesem Haus nicht in Gefahr? Um 16 Uhr ging ein Bus.
Den konnte ich nehmen.
Ohne noch zu zögern, stapelte ich meine Sachen in die Tasche und
stellte sie an die Tür. Dann räumte ich ein wenig auf. Meine Gedanken waren woanders. Ich hatte das unbestimmte Gefühl, dass
ich die Dinge in Ordnung bringen musste.
Das Foto! Ich durfte es nicht bei mir behalten. In erster Linie war
mir das jetzt zu heiß, und dann war es ganz und gar unmöglich, es
mit zu meinen Eltern zu nehmen: Wenn sie es entdecken würden,
wäre ich ihnen eine Erklärung schuldig.
Ob die Alte die Polizei verständigen würde, um Virgile suchen zu
lassen?
Lebendig oder tot?
Wäre er lebendig, wie hätte er es anstellen können, meine Großeltern zu töten? Man hatte an ihnen keine Spuren von Gewaltanwendung gefunden.
Tot?
Ich konnte gegen diesen entsetzlichen Gedanken ankämpfen so
viel ich wollte, das war offenbar die einleuchtendste Lösung (unglaublich, sich Derartiges eingestehen zu müssen). Ich genierte
mich ein wenig, denn das hätte bedeutet, dass ich im Zeitalter des

Computers und des Internets an Märchen von Feen und Werwölfen und an Geister glaubte.
Ich betrachtete das Foto in meiner Hand. Ich würde es dorthin zurückstecken, wo ich es gefunden hatte. Genau.

Ich hatte ein merkwürdiges Gefühl, als ich auf den Dachboden ging. Es wurde mir bewusst, dass alles, was da aufgehäuft war, Zeuge des Lebens von damals gewesen war, desjenigen, das ich nicht kannte oder vielmehr desjenigen, das nun unmerklich in meinen Augen ein anderes Gesicht angenommen hatte.
In diesem Haus hatte Mamie als junges Mädchen zu der Zeit von Virgile gewohnt. Vielleicht wollte Pilou deshalb nicht dorthin zurückkehren, deshalb konnte es „Unglück bringen". Wusste Pilou von der Beziehung zwischen Virgile und Mamie? Fürchtete er, dass dieses Haus seine Frau an eine vielleicht schmerzhafte Vergangenheit erinnern könnte, unter die sie einen Strich gezogen hatten?
Ohne klaren Grund fühlte ich, dass diese Geschichte zwischen Virgile und Élise Jugan nicht ein kleiner belangloser Flirt war.
Ohne klaren Grund? Doch, ich kannte den Grund: Die alte Nachbarin dachte, es gebe sehr wohl ein Motiv für Virgile, sich zu rächen, und man rächt sich nicht wegen einer Lappalie.
In dem Schrank befand sich das, was man früher „die Aussteuer" nannte (jedes Mädchen der Familie hatte damals eine Truhe mit ihrer Aussteuer). Mamie wollte nicht, dass wir mit den alten Kleidern in ihrer Truhe spielten, sie wollte überhaupt nicht, dass wir da oben spielten, weil der Boden stellenweise brüchig war und man leicht „durchfallen" konnte.
Aus Neugierde hob ich den Deckel der Truhe hoch, und mir war, als sei darin das ganze Mädchenleben von Mamie verwahrt. Ihre Mädchenkleider rochen noch nach Naphtalin. Maman hat gesagt, dass man es früher in kleinen weißen Kügelchen überall verteilte; es war gegen Motten, die Leinenstoffe zerfraßen. (Das war, bevor man die unverdaulichen Kunstfasern erfand.)
Ich entnahm der Truhe ein Kleidungsstück nach dem anderen und stellte mir meine Großmutter darin vor. Das fiel mir nicht sehr

schwer, denn sie war noch so zierlich wie sie es damals war. Dazu muss man wissen, dass sie fast nichts aß.

Darunter befand sich ein kleiner Weidenkoffer, der enthielt ... ein Holzkästchen, das enthielt ... zwei Fotos.

Wow! Genau das, was ich suchte: Zwei Gruppenaufnahmen, wo er drauf war, dieser Virgile! Ich entdeckte ihn auf den ersten Blick. Er lachte so wie auf dem kleinen Einzelbild, auch hier ganz locker mit den Händen in den Taschen.

Hier! Da war Mamie, leicht zu erkennen. Ich bemerkte, dass sie nicht neben Virgile stand. Sie sah zum Fotografen hin und lächelte auf eine Art ... Ich hatte meine Großmutter noch nie so lächeln sehen. Sie sah glücklich aus. Ich hatte Mühe, mir vorzustellen, dass sie einmal so glücklich gewesen sein konnte.

Ich sah mir alle Gesichter genau an. Ich glaube, da waren die Schwestern meiner Großmutter, aber ich konnte sie nur schwer ausmachen, da ich ja ein Foto von ihnen aus dieser Zeit nie gesehen hatte. Dagegen entdeckte ich oben rechts Pilou. Ich bin nicht sicher, ob ich ihn wiedererkannt hätte, wenn mir nicht sein Hochzeitsbild so vertraut gewesen wäre. Ich muss schon sagen, dass er sich sehr verändert hatte, da er seit damals mindestens fünfzig Kilo zugelegt hatte. Aber ohne Frage, er war es, vor allem sein Blick! Der altert vielleicht am wenigsten.

Ja, genau! Sein Blick! Pilou sah nämlich nicht wie die anderen zum Fotografen hin. Er lächelte nicht. Er sah weg.

Auf dem zweiten Foto war die gleiche Gruppe abgebildet, fast im gleichen Moment. Mamie lächelte noch immer, ich glaube sogar noch fröhlicher.

Sehen wir uns das an! Auch darauf schaute Pilou woanders hin. Unmöglich für ihn, ruhig zu stehen! Wie wenn er die Anweisung des Fotografen nicht gehört hätte, „Aufgepasst! Der kleine Vogel kommt heraus", was bei jeder Aufnahme, die er von uns machte, nicht fehlen durfte.

Auf der Rückseite des Fotos stand ein Datum: 3. August 1943. Geburtstag von Simone.

Am 3. August waren meine Großeltern noch nicht verheiratet, nicht einmal verlobt, sonst hätten sie nebeneinander gestanden.

Ich sprang auf. Jemand hatte an der Tür geläutet. Ich warf einen Blick auf Virgile, auf das Foto. Und wenn er es nun wäre? Mein Herz begann zu rasen. Wenn er es war, der sich an meiner Großmutter Élise gerächt hatte, konnte er dann nicht auch mir ans Leben gehen?

Ich öffnete das Dachfenster vorsichtig einen Spalt, um den Besucher zu sehen. Es war eine Frau mittleren Alters, wie meine Eltern. Ich lehnte mich hinaus:

„Wünschen Sie etwas?"

Und da erkannte ich sie: Es war Danièle, die Putzfrau. Ich hatte sie oft gesehen. Sie kam mittwochs und freitags. Was war heute für ein Tag? Es wollte mir nicht einfallen.

Ich ging hinunter.

„Ich habe gesehen", sagte sie, „dass jemand da ist, da habe ich mir erlaubt ... um zu kondolieren. Sind deine Eltern hier?"

„Äh ... Sie sind schon wieder weg, und ich fahre auch bald."

„Was für eine entsetzliche Geschichte, meine liebe Nathanaëlle! Ich habe mich noch nicht davon erholt. Ich habe sie ja am Montag gefunden. Ich kam, um ihnen ein Stück Weihnachtskuchen zu bringen, wie ich es immer an Weihnachten getan habe. Als ich sah ... Oh nein, ich möchte nicht mehr darüber sprechen! Geht es dir gut?"

Ich sagte ja, dass es uns schwerfiele, wieder auf die Beine zu kommen und dass wir gern verstehen würden. Und außerdem ...

„Glauben Sie", fragte ich sie unvermittelt, „dass es sich um Rache handelt?"

„Um Rache? Aber von wem, großer Gott?"

Ich konnte doch nicht die Möglichkeit von Geistern erwähnen! So sagte ich lediglich:

„Vielleicht eine alte Geschichte. Die alte Nachbarin von dort glaubt das."

„Raymonde Lompel?"

„Ja, sie hat mir von einem gewissen Virgile erzählt. Kennen Sie ihn?"

„Virgile ... Ich meine, da erinnere ich mich an irgendetwas ... "

„Raymonde Lompel hat behauptet, dass er ihren Mann umgebracht hat."

„Ach ja?", Danièle war verblüfft.

Sie starrte mich mit großen Augen an, dann legte sie ihre Stirn in Falten, sie bekam einen nachdenklichen Ausdruck und bemerkte schließlich:

„Raymonde Lompel … Ich habe immer sagen hören, dass ihr Mann von den Deutschen ermordet worden sei. Als die Leute von der Resistance das Munitionslager in die Luft gejagt haben und dabei mehrere Offiziere umgekommen sind, haben sie zehn Geiseln aus der Bevölkerung erschossen. Darunter war auch der Mann von Raymonde."

Ich war sprachlos.

„Die Deutschen haben Leute erschossen, die nichts getan hatten?"

„Sicher. Das ist oft vorgekommen, weißt du … Obwohl die Deutschen den Krieg 1940 gewonnen hatten, gab es viele, die es ablehnten, dass Frankreich unter dem „deutschen Stiefel" blieb, wie sie es nannten. So ist die Resistance entstanden: Ihre Leute griffen deutsche Stützpunkte an, ihre Züge, ihre Munitions- und Vorratslager. Da es den Deutschen nicht gelang, sie zu fassen, kamen sie auf die Idee, dafür unschuldige Zivilpersonen zu erschießen. Auf diese Weise rächten sie sich einerseits, und andererseits brachten sie damit die Bevölkerung gegen die Resistance auf."

„Aber dieser Virgile, der war doch nicht Deutscher? Wie also hätte er den Mann von Raymonde töten können?"

„Wie schon gesagt, ich weiß nicht so genau, wer er war. Was aber das Töten von Geiseln betrifft, das konnte man auch tun, ohne Deutscher zu sein, das war möglich. Es gab die Miliz, Franzosen, die Deutschland unterstützten, die mit den Deutschen zusammenarbeiteten. Es ist denkbar, dass die Miliz den Mann von Raymonde getötet hat."

Dieser Virgile! Was für ein Dreckskerl! Mir tat meine Großmutter leid. Glücklicherweise musste sie ihn irgendwann durchschaut haben, da sie ja schließlich meinen Großvater geheiratet hatte. Und das war natürlich etwas anderes!

Pilou hatte davon nie ein Wort gesprochen – er war zu bescheiden, um das zu tun –, trotzdem hätte ich gewettet, dass er der Resistance angehörte. Ich erinnerte mich, dass Raymonde von Virgile und ihm gesagt hatte: „Sie gehörten nicht zum gleichen Lager."
Aber vielleicht hat sie nicht das gemeint.
Danièle versprach mir, sich über diesen Virgile zu erkundigen. Wahrscheinlich hatte ihre Mutter von ihm gesprochen, und da hatte sie seinen Namen gehört. Wenn sie zufällig etwas von Interesse erfahren sollte, würde sie mir ein paar Zeilen zukommen lassen. Sie fügte hinzu:
„Denn meine Mutter war mit deinen Großeltern befreundet, wusstest du das?"
„Ach ja … "
So sehr ich auch darüber nachdachte, mir fiel nicht ein, um wen es sich dabei handelte.
„Haben sie nie Simone erwähnt?"
Simone! „Geburtstag von Simone." Ja, klar, den Namen kannte ich.
Danièle ging wieder, und ich stieg schnellstens zum Dachgeschoss hinauf, um die Fotos aufzuräumen. Es war fast Zeit für den Bus.
In dem Moment, wo ich sie in das Holzkästchen zurücklegte, fiel mir am Boden ein altes Schulheft auf, das ich zuvor überhaupt nicht bemerkt hatte, denn es war genauso groß wie das Kästchen selbst.
Ich nahm es vorsichtig heraus und blätterte es rasch durch. Es war leer. Darunter aber war noch eines … In dem waren allerdings einige Seiten beschrieben. Es war ein Tagebuch, wie es Mädchen früher oft geschrieben haben (und heute auch noch tun. Ich selbst habe eines geführt … einige Tage lang, Schreiben ist nicht meine Stärke).
Ich schlug es auf.
Auf der ersten Seite …

Verblüffende Entdeckungen

Auf der ersten Seite standen in schönen Buchstaben gemalt die Worte:

Mein Jungmädchen-Buch

Dieses Tagebuch wird geschrieben von …
Der Name unten links war Élise Jugan, meine Großmutter persönlich, mit der Jahreszahl: 1943.
Ich schlug es erregt auf. Hatte ich das Recht dazu? Wenn meine Großmutter ihr Tagebuch hier versteckt hatte, dann natürlich deshalb, damit es niemand findet!
Ich las bloß die ersten Worte, dann die folgenden, und dann konnte ich nicht mehr aufhören.
14. Juli. Ich bin wütend. Heute ist das Fest der Freiheit in einem Frankreich, das nicht mehr frei ist! Gestern habe ich versucht, ein wenig Schweineschmalz und Mehl für Pfannkuchen zu bekommen, aber beim Bäcker gab es nichts mehr. Anscheinend waren die Boches heute früh dort gewesen und hatten alles beschlagnahmt, unter dem Vorwand, sie würden hohe Offiziere erwarten. Ich bin sicher, dass all das nach Deutschland abgeht, dass sie es ihren Frauen schicken. Und wir hier können krepieren.
Ich hörte auf zu lesen. Um ehrlich zu sein, ich hatte nie gedacht, dass meine Großmutter solche Worte in den Mund nehmen könnte. Ich hatte eine zurückhaltende, sogar ausdruckslose Frau gekannt, ohne eine Spur von Auflehnung. Wenn ich gegen etwas maulte, sagte sie lächelnd: „Meine Kleine, man kann im Leben nicht immer das machen, was man will." Da war ich also doch ziemlich erstaunt.
Wenn ich heute daran zurückdenke, war das übrigens komisch. Ich hatte oft den Eindruck gehabt, dass sie mit ihrem Mann nicht gleicher Meinung war, und trotzdem hat sie ihm nie widersprochen, nie äußerte sie eine gegensätzliche Meinung.
Ich vertiefte mich wieder in das Heft:

Wie übrigens schicken sie all das nach Deutschland? Will man ihnen glauben, dann ist es immer unmöglich, etwas für uns zu transportieren. Man hält uns entgegen, dass es kein Benzin gibt, dass die Züge voll sind oder ich weiß nicht was. Man kann von Glück sagen, wenn man einen alten Gaul auftreibt (den uns die Graugrünen nur deshalb gelassen haben, weil er zu nichts mehr taugt) und einen klapprigen Karren.

18. Juli. Mme Francœur völlig aufgelöst, weil die Boches ihr die Kuh weggenommen haben. Das war alles, was sie zum Leben hatte. Als sie sich an den Hals des Tieres gehängt hat, um sie daran zu hindern, es auf den Lastwagen zu treiben, da haben sie sie geschlagen.

23. Juli. Diesmal war La Grabottine dran. Sie haben die Schweine mitgenommen. Anscheinend haben sie dazu ein Recht. Beschlagnahmung. Frankreich ist 1940 besiegt worden, also muss es zahlen. Und sie haben mit Gefängnis gedroht für den Fall, dass auch nur ein einziges Tier unterschlagen würde. Sie haben ein Recht auf das, was uns gehört. Ich werde rasend vor Wut. Ein Glück, dass wir unser Gemüse haben und dass die Graugrünen es in unserem Garten noch nicht entdeckt haben. Um nicht bemerkt zu werden, arbeiten meine Schwestern und ich dort nur früh morgens und spät abends.

28. Juli. René bringt mich einfach zum Lachen. Die ganze Zeit sieht er mich mit Glupschaugen an. Ich sage, dass mich das zum Lachen bringt, aber es gibt Tage, an denen mir das wirklich auf die Nerven geht. Wird er endlich begreifen, dass ich ihn nicht liebe? Noch dazu haben wir über nichts die gleiche Meinung, und seine Haltung stößt mich ziemlich ab.

Ich legte mir das Heft auf den Schoß: Ich weiß nicht, von welcher Haltung Mamie sprach, aber letztendlich war sie doch für seine Liebe empfänglich. Nichts ist also endgültig! Auf jeden Fall keine Liebe auf den ersten Blick ihrerseits, das ist das Mindeste, was man sagen kann.

Ich rechnete nach, dass Mamie damals … zweiundzwanzig Jahre alt war und Pilou auch.

30. Juli. Es gelang mir, für den Vatertag Weinmarken gegen Tabak zu tauschen. Wir trinken wenig Wein, und Tabak fehlt ihm so sehr! Er war glücklich wie ein König: Man hätte meinen können, dass ich ihm einen Rennstall geschenkt hätte!

31. Juli. Wir haben Nachricht von unseren Vettern in Lyon bekommen. Anscheinend ist auch in der freien Zone das Leben nicht einfach. Sie schreiben, dass Fleisch jetzt so knapp ist, dass auf dem Markt Raben angeboten werden.

2. August. Mein liebes kleines Tagebuch, ich möchte dir sagen, dass er Virgile heißt.

3. August. Ich habe ihn wiedergesehen. Er ist mit René zum Geburtstag von Simone gekommen. Ich habe ihn noch schöner gefunden als gestern, und ich habe gefühlt, wie mein Herz schlägt. Ich glaube, ich bin ein bisschen verrückt, ich bin in ihn verliebt, obwohl ich ihn doch fast nicht kenne. Ich weiß nicht, ob René etwas davon bemerkt hat, aber es kam mir einmal so vor, wie wenn die beiden miteinander gestritten hätten, aber ich träume ja, ich glaube, das war nicht wegen mir. Übrigens habe ich es René schon zweimal gesagt: Ich möchte ihn nicht heiraten. Er ist ein netter Junge, aber das reicht nicht.

6. August. Drei Tage, ohne etwas zu schreiben, denn ich bin wie irre. Ich denke nur noch an Virgile, und er, ich weiß es, denkt an mich. Mehr kann ich nicht darüber sagen.

10. August. Meine Schwester Yvonne tötet mir den Nerv. Sie verbringt ihre Zeit damit, mich auszuspionieren. Ich glaube, dass sie auf Virgile und mich eifersüchtig ist. Übrigens sind alle Mädchen in Virgile verliebt, und das ist nicht verwunderlich: Er ist der schönste Mann, den ich je gesehen habe, und der sympathischste, und der ...ste, der aller...ste. Wenn ich bei ihm bin, ist alles einfach und schön. Wir gehen an den Bach, dort treffen wir uns. Er kommt von der anderen Seite, und ich springe über das Wasser, um bei ihm zu sein, und wenn er mich an sich drückt, dreht sich mir der Kopf. Es gibt Momente, wo ich mich schäme, so glücklich zu sein, denn trotz alledem sind wir besetzt, und das Land ist am Ende.

*17. August. Ich habe den Volksschullehrer getroffen. Offenbar hat
er den Befehl bekommen, bei Schulbeginn mit den Kindern Eicheln
und Rosskastanien zu ernten. Aus den Eicheln würde eine Art Kaffee (!?!) hergestellt werden und die Kastanien dienten dazu, Kleb-
stoff oder Waschpulver zu machen, ich weiß nicht genau. Wenn das
so weitergeht, wird es immer weniger Unterricht geben und immer
mehr Arbeitsdienst. Schon vor den Ferien hat man sie eingesetzt, um
auf den Feldern Kartoffelkäfer zu sammeln. Am ersten Tag fanden
sie das lustig, aber das ließ rasch nach.*

*9. September. Es ist ziemlich lange her, dass ich hier etwas geschrieben
habe. Mein Kopf ist woanders. Das Leben ist wunderbar. Ich wusste
nicht, dass ich einen Mann so heftig lieben könnte und dass er mich
ebenso liebt. Ich glaube zu träumen. Wir würden gerne bald heiraten,
aber es ist ja Krieg, und ich weiß nicht, was er macht, weil er darüber
nie spricht, aber ich glaube, dass es ziemlich gefährlich ist.*

*Die Männer der Miliz können natürlich von der Resistance beschos-
sen werden und bei einem Attentat sterben.*

*Er möchte lieber, dass wir mit der Heirat noch eine Zeit lang warten.
Ich bekomme Angst, wenn er so mit mir spricht, ich glaube, dass er
sich in große Gefahr begibt. Wenn ihm etwas zustoßen sollte, würde
ich sterben.*

*Jedes Mal, wenn ich über den Bach springe, sage ich mir, dass, wenn
ich den Fuß darin falsch aufsetze, ein Unglück passieren wird.*

*12. September. Es gelang mir, drei Pfund Butter gegen fast neue Schu-
he zu tauschen. Sie sind ganz aus Leder, bis auf die Sohle, die ist wie
üblich aus Holz. Virgile sagt, dass man die Fridolins hinauswerfen
muss und dass die Engländer und die Amerikaner sicher bald landen
werden. Und dann werden wir feiern.*

Was für ein falscher Fuffziger! Er, der für die Deutschen arbeitete!
Er hatte Élise also auf der ganzen Linie getäuscht …

*Inzwischen bin ich gezwungen gewesen, mir aus einem alten Lein-
tuch ein neues Kleid zu schneidern. Es gibt im Dorf keinen Zentimeter Stoff mehr, nicht einmal hässlichen.*

*3. Oktober. Der alte Fily ist tot. Bevor es irgendjemand wusste, nahm
seine Tochter seine Karte und seine Marken, um im Lebensmittel-*

geschäft einzukaufen. Die Verwaltung wird noch früh genug merken,
dass da einer weniger ist. Bis man ihnen die Lebensmittelkarte des
Alten wegnimmt, werden sie jetzt besser essen.
10. Dezember. Mir ist kalt, und ich habe Hunger, ich habe schreck-
lich Hunger. Meine zwei Scheiben Brot reichen mir nicht, und ich
kann doch nicht den anderen ihren Teil klauen. Ich möchte, dass die
Boches abhauen, ich möchte, dass man genug Kohlen kaufen kann
um zu heizen, ich möchte essen, bis ich satt bin, ich möchte Virgile
heiraten. Ich habe noch mit niemandem darüber geredet und möch-
te doch immerzu seinen Namen aussprechen. VirgileVirgileVirgile
VirgileVirgileVirgileVirgileVirgileVirgileVirgileVirgileVirgile
Virgile.
Ich möchte mein ganzes Leben mit ihm verbringen. Ich liebe ihn. Ich
liebe ihn. Ich liebe ihn.
Ich war ganz benommen und unterbrach einen Moment. Ich hatte
nicht mehr das Gefühl, eine Indiskretion zu begehen, sondern eher
das, etwas mit meiner Großmutter zu teilen. Nur Pilou tat mir leid
und sogar mein Papa, der immer an die große Liebe seiner Eltern
geglaubt hatte.
Wann würde der Augenblick kommen, wo all das eine Wendung
nimmt, die zu der Großmutter führt, die ich kannte?
Ich blätterte zur nächsten Seite um:
17. Dezember. Virgile ist nicht gekommen.
18. Dezember. Virgile ist nicht gekommen.
19. Dezember. Virgile ist nicht gekommen.
20. Dezember. Virgile ist nicht gekommen.
21. Dezember. Virgile ist nicht gekommen.
22. Dezember. Virgile ist nicht gekommen.
Dann folgte eine leere Seite, und unten auf der Seite hatte dieselbe
Hand etwas zittrig hingeschrieben:
26. Dezember. Ich werde René heiraten.
Mir verschlug es den Atem. Das also war die große Liebesgeschich-
te zwischen Pilou und Mamie! Ich las es nochmals: „Ich werde
René heiraten."

Dann sah ich mir die Daten an. Was hatte sich zwischen dem 22. und dem 26. Dezember zugetragen? Hatte Mamie erfahren, dass Virgile ein Mörder war? Hatte er sie verlassen? War er weggegangen? Tot? Man ändert nicht innerhalb einer Woche seine Meinung über einen Mann, den man heiraten will. Das ist nicht möglich!

Rache?

6. Januar. Meine Großeltern hatten am 6. Januar geheiratet.
Das muss eine unüberlegte Entscheidung von Mamie gewesen
sein. Ob sie es später bereut hatte?
Und Virgile? Was war aus ihm geworden?
Ich sah kurz auf meine Uhr: Es war 16.30 Uhr … und ich hatte den
Bus verpasst.
Nein, ich konnte mir Virgile nicht als Mörder vorstellen. Mamie
konnte nicht in einen Mörder verliebt sein! Auf jeden Fall fiel es
mir schwer einzusehen, dass es sich tatsächlich um die gleiche Élise
Jugan handelte. War diese da wirklich meine Großmutter? Selbst-
verständlich war mir bewusst, dass sie jung gewesen ist und anders.
Ich bin nicht ganz und gar blöd! Aber eigentlich …
Einverstanden, doch, ich bin blöd!
Inzwischen hatte ich das Heft (das, in dem nichts stand) an mich
genommen und augenblicklich beschlossen, es wie sie zu machen, dort festzuhalten, was ich erfuhr oder was nacheinander
passierte.
Telefon. Den Bruchteil einer Sekunde fürchtete ich, es könnte Virgile sein. Ich hatte wirklich panische Angst vor ihm! Es war nur Danièle: Sie freute sich, dass sie mich noch antraf, sie hatte befürchtet,
dass ich am Nachmittag mit dem Bus abgereist war.
Warum? War ich denn so wichtig?
In Wirklichkeit wollte mich ihre Mutter sehen. Simone. Sie legte
größten Wert darauf, mich zu sehen. Ich gebe zu, dass mich das
ein bisschen überrascht hat. Eine 75jährige oder 80jährige Dame,
die größten Wert darauf legt, ein Mädchen (ein „Kind", musste sie
denken) von fünfzehn Jahren kennen zu lernen!
Klar, da ging ich hin. Keine Frage, dass ich mir das entgehen ließ.
Wollte Simone mir etwas sagen? Wusste sie etwas über den Tod
von Pilou und Mamie? Ich konnte nicht warten, unmöglich, und
rannte los.
Nach dem, was Danièle mir gesagt hatte, wohnte ihre Mutter bei
ihr, direkt über dem Friseursalon, dem einzigen im Dorf, in der

Hauptstraße. Das war einfach damit zu erklären, dass der Mann von Danièle Friseur war.

Dieser war sehr nett zu mir. Er bat mich, die kleine, enge Treppe, die angenehm nach Wachs roch, hinaufzugehen und an der gegenüberliegenden Tür zu klopfen.

Danièle war da. Sie freute sich, dass ich gekommen war und bat mich herein.

Simone sah gar nicht so alt aus, auf jeden Fall überhaupt nicht wie Raymonde Lompel. Sie war am Ofen eifrig beschäftigt und kündigte mir mit heiterer Stimme an, dass sie für mich einen Kuchen mache, einen Zitronenkuchen. Ein Glück. Schokoladenkuchen, das hätte ich nun wirklich nicht gekonnt.

„Ich freue mich", fügte sie hinzu, „die Enkeltochter von Élise kennen zu lernen. Du ähnelst ihr ein wenig … Die Stirn, glaube ich."

Ich antwortete höflich (aber es war ebenso aufrichtig):

„Ich freue mich auch, Sie kennen zu lernen. Ich habe ein Foto von Ihrem Geburtstag gesehen."

„Ah! Ich verstehe, was du meinst. 43! Mein Gott, trotz des Krieges hatte man viel Spaß! Ich erinnere mich, dass jeder mit einer Zutat für den Kuchen gekommen war, da sich alles nur schwer auftreiben ließ. Diejenigen, die das Glück hatten, auf einem Bauernhof zu wohnen, hatten Eier gebracht, die anderen hatten auf dem Schwarzmarkt eine Decke oder ein Päckchen Tabak gegen Zucker getauscht. René hatte sich um das Mehl gekümmert: Das war leicht für ihn, seine Familie besaß die Getreidemühlen, und dort kam der gesamte Weizen der Umgebung durch. Leider war alles oder fast alles Weißmehl den Deutschen vorbehalten (dagegen war nichts zu machen), aber, na ja, René gelang es doch immer, einen Teil der Produktion abzuzweigen, um den Freunden zu helfen … Und er machte sich durchaus nicht den Schwarzmarkt zunutze." (Sie unterbrach sich.) „Weißt du, was Schwarzmarkt war?"

„So in etwa."

„Es kam daher, dass alles knapp war in dieser unglücklichen Zeit, und alles war rationiert. Jeder hatte seine Lebensmittelkarten, so hießen die, aber wir nannten sie „Rationierungskarten". Es gab Karten für Tabak, für Kohlen, für Schulhefte und Marken, die uns berechtigten, gewisse genau bezeichnete Dinge zu kaufen. Zum Beispiel hatte jeder Erwachsene Anspruch auf 275 Gramm Brot oder 200 Gramm Mehl pro Tag. Mit den anderen Marken konnte man auch 100 Gramm Fleisch bekommen (pro Woche und unter der Voraussetzung, dass man welches fand!), 50 Gramm Käse, solche Sachen eben. Was Zucker und Kaffee betrifft, das konnte man vergessen: echten zu bekommen, das war ein Kreuz."

„Maman", mischte sich Danièle ein, „ich denke nicht, dass diese alten Geschichten junge Leute interessieren. Das muss ihnen ja … vorsintflutlich vorkommen."

„Das interessiert mich", sagte ich.

Und das war nicht gelogen. Wenn mich das bis heute nie brennend interessiert hatte, so schien mich all das, was die Kriegsjahre betrifft (zugegeben vor allem 43-44), jetzt unmittelbar anzugehen.

„Siehst du!", rief Simone ganz erfreut aus. „Also, um auf den Schwarzmarkt zurückzukommen, es gab da gewisse Schlaumeier, die es, man weiß nicht wie, anstellten, an eine Menge unterschiedlicher Waren heranzukommen. Das Praktische daran war natürlich, dass man keine Marken brauchte, um sie zu kaufen, der Nachteil, dass alles ein Vermögen kostete. Aber ich habe dir ja bereits gesagt, René war nicht von dieser Sorte. Manchmal ging er sogar mit seiner Mutter zu sehr armen Familien und verteilte dort kostenlos Mehl. Seine Mutter war eine nette Frau. Sie kümmerte sich um die Familien der Kriegsgefangenen … "

Sie unterbrach sich einen Moment, um den Kuchen aus dem Ofen zu nehmen.

„ … Weil die Verhältnisse da ja dramatisch waren! Die Frauen der Kriegsgefangenen gingen mit ihren Kindern entweder am Hunger zugrunde oder sie ruinierten ihre Gesundheit, auf den Bauernhöfen zum Beispiel, wo sie ganz allein die Arbeit bewältigten. Kannst du dir die Arbeit auf einem Bauernhof vorstellen? Na ja … Um abermals auf den Schwarzmarkt zurückzukommen, da dort alles ein Vermögen kostete, konnten diejenigen, die wenig Geld hatten, das vergessen. Sie mussten sich mit ihren Rationierungsmarken begnügen."

Sie schüttelte einen Moment den Kopf. Sie hatte noch immer den Kuchen in der Hand, aber ich glaube, dass sie sich dessen nicht bewusst war.

„Wir waren nicht reich", begann sie wieder, „vor allem, nachdem man meine Mutter am Arbeiten gehindert hatte. Damals … "

Ich konnte es kaum erwarten, dass sie zu interessanteren Themen käme, meine Großmutter zum Beispiel, aber Danièle war plötzlich neugierig:

„Man hat Großmutter am Arbeiten gehindert? Ich habe das nicht gewusst."

„Oh! Weil du nach dem Krieg geboren bist. Wir hatten keine Lust, an diese schlimmen Erinnerungen zu rühren und vermieden es, über diese Zeit zu sprechen … Habt ihr nie etwas von dem Gesetz von 1940 für Frauen gehört?"

Danièle und ich, eine Generation auseinander, wurden in einen Topf geworfen. Wir wussten nicht viel über diesen verdammten Krieg.

„Das Gesetz von 1940", sprach Simone weiter, „besagte, dass es verheirateten Frauen verboten war, eine Arbeit anzunehmen und verbannte sie an den häuslichen Herd."

„Das ist unglaublich!"

„Das war furchtbar. In erster Linie für diejenigen, die das Geld wirklich brauchten, da ihre Männer wenig verdienten und sie eine große Familie zu ernähren hatten. Dann für diejenigen, die ihre Arbeit liebten. Meine alte Lehrerin ist vor Kummer daran gestorben: Nicht mehr unterrichten zu können, sich um Kinder kümmern zu können, war für sie ein entsetzlicher Schlag."

Ich war platt, solche Dinge zu erfahren, aber gleichzeitig fragte ich mich, ob Simone mich nur sehen wollte, um mir etwas über den Krieg zu erzählen. Doch in diesem Moment bemerkte Danièle, die soeben damit begann, den Zitronenkuchen zu servieren:

„Es wäre vielleicht an der Zeit, dass du Nathanaëlle sagst … "

„Ja. Ja. Die Jungen haben es immer eilig."

Ich glaube, es war Danièle, die sie als „jung" bezeichnete, sie, die mindestens so „alt" war wie meine Eltern. Jedem sagt seine Uhr, wann Mittag ist, wie Mamie immer sagte.

Simone wandte sich mir zu.

„Ich wollte mit dir über Virgile sprechen."

Uuh! Mein Herz stand still. Ich konnte kaum schlucken.

„Danièle hat mir berichtet, was Raymonde sich da erlaubt hat: Sie hat behauptet, dass es Virgile sei, der ihren Mann getötet hat."

Ich fühlte mich ziemlich angespannt und fragte:

„Ist das eine Lüge?"

„Eine Lüge ... Nicht ganz. Auf jeden Fall nicht die Wahrheit, und ich möchte nicht, dass man über Virgile schlecht spricht. Verstehst du, Virgile war ein toller Typ. Übrigens, wenn ich dir das sagen darf, alle Mädchen waren in ihn verliebt."

„He he ... ", spöttelte Danièle mit einem Lächeln im Mundwinkel, „du auch, Maman?"

„Oh! Ja doch! Ich auch. Ich schäme mich nicht, warum auch. Du kannst dir nicht vorstellen, wie gut er aussah und wie fröhlich er war, und ... Heute würde man das einen super Typ nennen."

„Zum Glück kann das Papa nicht mehr hören", kommentierte Danièle in einem Ton falscher Empörung. „Und war er denn auch in dich verliebt?"

„Unsinn! Er hatte nur Augen für ... "

Sie beendete ihren Satz nicht. Da ich sicher war, dass alles, was meine Großmutter in ihrem Tagebuch geschrieben hatte, der Wahrheit entsprach, machte ich den Vorschlag:

„Er hatte nur Augen für Élise, meine Großmutter."

„Woher weißt denn du das? Hat sie dir davon erzählt?"

„Nie. Ich habe es zufällig entdeckt. Sie sagten hinsichtlich des Mannes von Raymonde ... ?"

„Ach ja! Also, Virgile gehörte der Resistance an, und er war es, der das Munitionslager der Deutschen in die Luft gesprengt hat. Als die Boches dann Geiseln nahmen, um sie zu erschießen und ihr Mann abgeholt wurde, da sagte sie, dass Virgile schuld daran sei und dass er ihren Mann getötet hätte … Aber so einfach war das natürlich nicht, verstehst du? … Wenn auch nicht ganz falsch."

Danièle sagte beunruhigt:

„Hat sie ihn denunziert?"

„Nicht dass ich wüsste. Ich glaube, sie hat es nicht gekonnt, weil sie die Boches ebenso wenig mochte."

Man kann sich nicht vorstellen, wie erleichtert ich war, wegen Virgile, wegen meiner Großmutter: Ihr Geliebter war kein abscheulicher Verräter und Mörder.

„Aber was ist dann aus Virgile geworden?", fragte ich besorgt.

„Offen gestanden, ich habe keine Ahnung. Das ist schon sonderbar. Ich denke, er hatte Angst davor, denunziert zu werden und ist von der Bildfläche verschwunden. Sein Vater behauptete, er sei nach Amerika gegangen, aber konnte man dem, was Vater Delahaye da sagte, Glauben schenken? Auf jeden Fall hat man nie wieder etwas von ihm gehört."

„Glauben Sie, dass er hätte zurückkommen können?"

„Zurückkommen? Virgile? Warum nicht. Aber ich habe ihn nicht gesehen. Und, glaube mir, wenn ich ihn sehen würde, würde ich ihn sicher wiedererkennen."

„Madame … Denken Sie … , dass sich zwischen ihm und meiner Großmutter etwas ereignet hat und dass er hätte zurückkommen können, um sich an ihr zu rächen?"

Simone betrachtete mich mit runden Augen:

„Na ja, ich habe nie an so etwas gedacht! Virgile? Zurückkommen, um sich zu rächen?"

Sie dachte einen Moment nach, bevor sie seufzte:

„Ich hoffe nicht. Als er jung war, glaube mir, war dieses Verhalten nicht seine Art. Wenngleich man wohl verbittern kann, wenn man alt wird … Oh mein Gott! Ich hoffe nicht!"

Sie hörte auf zu sprechen, um einen Schluck Kaffee zu nehmen, aber man sah ihr an, dass sie an etwas anderes dachte.

„Das, was ich nie verstanden habe", sprach sie schließlich weiter, „ist, was zwischen Virgile und Élise passiert war. Er ist von der Bildfläche verschwunden, und zwei Wochen später heiratet sie

René. Nein, das habe ich nie richtig verstanden … Ich glaube, ich kann dir das sagen, weil die Jungen von heute weniger verklemmt sind als die von damals: Meiner Meinung nach war das zwischen Virgile und Élise die große Liebe."

„Und trotzdem hat sie zwei Wochen, nachdem er weg war, meinen Großvater geheiratet."

„Unerklärlich. Als Vater Delahaye ihr gesagt hat, dass er nach Amerika gegangen sei, hat er ihr vielleicht noch ganz andere Dinge gesagt, wer weiß."

Ja, da war ich sicher. Er hatte ihr noch etwas anderes gesagt. Wie ließe sich sonst erklären, was geschehen ist? Man tauscht doch den Ehemann nicht plötzlich aus, nur weil der erste nicht mehr da ist!

Ich konnte kaum atmen:

„Lebt der Vater von Virgile noch?"

„Vater Delahaye? Nein. Er ist vor langer Zeit gestorben, gleich nach dem Krieg, vielleicht aus Wut. Er war für Pétain und den ganzen Zinnober und sogar ohne Wenn und Aber für die Deutschen. Er war Anführer der Miliz! Da wird es, das kannst du dir denken, zwischen seinem Sohn und ihm ganz sicher … Nun ja, das sind alles alte Geschichten."

Sie dachte nach:

„Warte, Vater Delahaye ist tot, nicht aber seine Frau. Sie ist in dem Altenheim, weißt du, am anderen Ende des Dorfes. Es heißt ‚Das Tal'."

„Mme Delahaye? Die Mutter von Virgile?"

„Sie geht auf die Hundert zu, trotzdem scheint sie im Kopf noch ganz intakt zu sein. Aber ich weiß nicht, ob diese Geschichten das Richtige für dich sind. Ich frage mich, ob deine Großmutter damit einverstanden gewesen wäre, dass du in ihrem Leben herumkramst. Auch zu wissen, dass sie eine Verbindung hatte, bevor sie René geheiratet hat … "

Ich beruhigte sie:

„Das schockiert mich nicht. Heute ist es recht selten, dass man den ersten Mann heiratet, mit dem man gegangen ist."

„Ja … Natürlich. Nebenbei bemerkt, ich wüsste auch sehr gern, was aus Virgile geworden ist. Aber warum interessierst du dich eigentlich dafür? Ah … Ah ja! Du denkst, er könne verantwortlich für den Tod deiner Großeltern sein? Und wenn das so wäre, würdest du es der Polizei melden?"
Ich hatte keine Ahnung, wirklich nicht.

Der Sohn von Virgile

Anstatt Blestin hätte ich ebenso gut Delahaye heißen können. Ist das nicht ganz und gar unglaublich? Aber nein, Schwachsinn! Wenn meine Großmutter Virgile geheiratet hätte, dann hätten sie vielleicht Kinder gehabt, aber nicht meinen Vater! Und wenn mein Vater nie geboren worden wäre, dann ich natürlich auch nicht.

Es ist schon unglaublich, wenn ich mir vorstelle, worauf mein Leben zurückzuführen ist (und das aller, man muss das klar sagen): AUF DEN ZUFALL. Dass ich das Licht der Welt erblickt habe, ist das reinste Wunder. Es musste dazu seit den frühesten vorgeschichtlichen Menschen ein bestimmter Mann mit einer bestimmten Frau schlafen und eine bestimmte Frau mit einem bestimmten Mann schlafen ... Und dazu genau dieses Spermium auf genau jene Eizelle treffen, in jeder Generation, bis in die dunkle Vorzeit zurück ... Wie ging das zu, dass ich da bin? Es ist eine unglaubliche Chance, ein Schwindel erregender Zufall. Letztendlich habe ich ganz schön Bedeutung. Ich sollte mir das öfter vor Augen halten.

Da bekam ich plötzlich Lust, etwas Sinnvolles mit meinem Dasein anzufangen. Ich durfte die Chance zu leben, die mir gegeben war, nicht vergeuden. Ich musste beweisen, dass ich sie verdiente!

Ich hatte wahnsinnig Lust darauf, Mme Delahaye zu besuchen, und gleichzeitig hatte ich schrecklich Angst davor, was sie mir sagen würde ... Man stelle sich vor, Virgile wäre schon verheiratet gewesen, als er meine Großmutter kennen gelernt hatte, oder er hätte sie wegen einer anderen verlassen!

Und dann hatte ich Angst zu erfahren, dass er zurückgekommen sei, und, ich weiß nicht warum, es gefiel mir nicht, ihn als Schuldigen zu sehen. Jedenfalls war es jetzt achtzehn Uhr, und da sind die Bewohner des Altenheims bei Tisch, die Besuchszeit ist vorüber. Ich weiß da Bescheid, weil in der Zeit, als meine Urgroßmutter dort war, wir sie immer zwischen der Nachmittagsruhe und dem Abendessen besucht hatten.

Ich dachte wieder an das Heft von Mamie. Meine Sicht der Dinge hatte sich verändert, und die Tatsache, dass Virgile „sich in Gefahr begeben" hatte, war sehr real, aber nicht aus den Gründen, die ich annahm. Er war bei der Resistance, er riskierte dort jeden Tag sein Leben.

Sogleich nach meiner Rückkehr nahm ich mir das Heft wieder vor und las noch einmal jede einzelne Stelle, wo Mamie von Virgile sprach. Dabei bemerkte ich, dass ich offenbar eine Seite überblättert hatte, sie haftete wahrscheinlich ein bisschen an der anderen, weil ich mich nicht daran erinnerte, etwas zwischen dem 10. und dem 17. Dezember gelesen zu haben, dem ersten Tag, an dem sie schreibt, dass Virgile nicht gekommen sei.

Nein! Ich hatte das ganz sicher nicht gelesen …

11. Dezember. Als ich heute Morgen aufstand, fühlte ich mich nicht wohl. Ich glaube, der Grund dafür sind die Topinambur von gestern Abend. Ich vertrage sie nicht mehr. Trotzdem würde ich mich zu Unrecht beklagen; wir hier haben wenigstens Gemüse und hin und wieder ein Huhn oder ein Kaninchen, weil jeder etwas anbauen und ein paar Tiere halten kann.

In der Stadt ist die Situation schlechter, und die Frauen stehen den ganzen Tag vor den Geschäften Schlange: vor dem Bäcker, dem Lebensmittel- und dem Milchgeschäft, der Metzgerei. Wir hier gehen fast nie zum Metzger, und vor der Bäckerei steht man kaum jemals Schlange, aus dem einfachen Grund, dass der Bäcker weiß, worauf jeder Anspruch hat und welche Brotmenge er vorrätig halten muss. Ob man sich da drängt oder nicht, man wird sein Brot bekommen. Es ist allerdings grauenhaft. Großmutter sagt, dass wir dennoch dem Herrn dafür danken müssen und dass in vielen Ländern viele Menschen froh wären, unser miserables Schwarzbrot zu haben.

12. Dezember. René hat uns Mehl gebracht. Als ich sein Fahrrad im Hof gesehen habe, habe ich mich gehütet, mein Zimmer zu verlassen und hinunterzugehen. Ich ertrage es nicht, wenn er mich so ansieht. Sicher würde ich mich darüber freuen, wenn ich in ihn verliebt wäre, da dies aber nicht der Fall ist, ärgert es mich, und es stößt mich sogar ein wenig ab.

13. Dezember. Heute Morgen habe ich mich schon wieder furchtbar schlecht gefühlt. Das kommt sicher nicht von den Topinambur.

Ich habe gar keine gegessen. Offen gesagt, ich bin ein wenig beunruhigt.

René ist wieder gekommen. Es stört mich, dass Maman seine Geschenke annimmt. Das ist, wie wenn sie mich verpflichten würde. Ich will das aber nicht, ich möchte ihm zu nichts verpflichtet sein.

14. Dezember. Mein Gott! Heute Morgen habe ich mich übergeben, und dann gibt es da noch andere Anzeichen, auf die ich zuvor nicht geachtet hatte. Ich habe große Angst zu wissen, was los ist, und ich kann darüber nicht einmal unglücklich sein. Als es mir klar wurde, empfand ich einen richtigen Glücksrausch. Erst als ich darüber nachgedacht hatte, fand ich mich recht unvernünftig. Aber unvernünftig oder nicht, was soll das an der Situation ändern? Ich muss es Virgile sagen. Ich weiß, dass es ihm etwas unangenehm sein wird, gleich jetzt zu heiraten, denn sein Leben hängt an einem Faden, und er möchte meines nicht zerstören. Aber ob wir verheiratet sind oder nicht, ich verstehe nicht, was sein Verschwinden an meinem Schmerz ändern würde. Mein Gott, ich möchte an solche Dinge nicht denken! Er lebt, und ich möchte ihn behalten. Wir werden heiraten, ich werde seinen Namen tragen. Ist ein solches Glück überhaupt möglich?

Ich hörte auf zu lesen. Was Mamie da sagte, war nicht allzu klar, und doch war eine andere Interpretation kaum möglich: Sie war schwanger! Schwanger! Natürlich nicht von meinem Großvater, das ist ausgeschlossen! Sie war von Virgile schwanger! Seit wann? Lass mich … (Ich überlegte.) Sie bemerkt es am 11. Dezember zum ersten Mal, auf jeden Fall empfindet sie da beim Aufstehen das erste Unwohlsein. Ich kenne mich da nicht sonderlich gut aus, aber ich nehme an, dass sie schon ein ganzes Weilchen schwanger war, ohne es zu wissen, vermutlich ein oder zwei Monate. Das Kind muss … sagen wir zwischen dem 11. Oktober und dem 11. November gezeugt worden sein. Wenn es durchgekommen war, so musste es zwischen (ich zählte es an den Fingern ab) Juli und August 1944 geboren sein.

Oje! Ich war fix und fertig: Das Kind war durchgekommen. Es war mein Vater! Dieses Baby war mein Vater, geboren am 4. August 1944.

Es konnte darüber keinen Zweifel geben. Mein Vater war der Sohn von Virgile.

Unglaublich! Ich war sprachlos, so sehr, dass ich lange wie betäubt dasaß, bevor ich meine Lektüre wieder aufnehmen konnte.

15. Dezember. Virgile ist über das Kind sehr glücklich, obgleich unser Leben dadurch schwierig wird. Ich werde mit meinen Eltern heute noch nicht darüber sprechen, in erster Linie, weil es nicht leicht ist, das zu tun und dann, weil mich Virgile darum bat, das Geheimnis noch einige Tage für mich zu behalten. Er hat wichtige Aufgaben vor sich und möchte lieber, dass ich abwarte, bis er bei meinen Eltern offiziell um meine Hand anhalten kann.

„Um die Hand anhalten", das klang wahrlich nach altem Frankreich … Wahrscheinlich war es früher gar nicht möglich, anders zu handeln. Die Fortsetzung …

Bei genauerer Überlegung kam ich zu dem Schluss, ihnen vielleicht nichts zu sagen. Das Baby wird man für eine Frühgeburt halten. Das ist alles. Virgile kommt übermorgen. Ich bin glücklich! Glücklich! Ich frage mich, ob man ein Recht hat, so glücklich zu sein, vor allem in Kriegszeiten.

Rasch blätterte ich die Seite um, aber da kam schon der Eintrag: *17. Dezember. Virgile ist nicht gekommen.*

Das ergab für mich nun einen ganz anderen Sinn. An dem Tag, wo er „um die Hand" von Élise anhalten wollte, ist Virgile verschwunden. Das war wirklich ein starkes Stück! „Er hatte Aufgaben vor sich". Er musste abhauen, ja, um keine Verantwortung zu übernehmen!

Mir war übel davon. Das war es wohl, was Vater Delahaye ihr verraten haben muss: dass sein Sohn nach Amerika gegangen war und dass er gar nicht die Absicht hatte, sie zu heiraten. Der Satz der alten Raymonde fiel mir wieder ein. Im ersten Moment hatte ich ihn nicht verstanden. Im Wesentlichen hatte sie gesagt, dass Élise Glück gehabt habe, dass René sie heiratete.

Weil sie von einem anderen schwanger war? Natürlich! Aber wie konnte Raymonde das wissen?

Na ja, vielleicht auf Grund des Geburtsdatums meines Vaters.

Und mein Vater glaubte an die Frühgeburt! Er war aber weder zu früh auf die Welt gekommen, noch der Sohn von Pilou!

Das war wirklich eine Katastrophe. Durfte ich meinen Vater darüber aufklären, der den seinen so hoch verehrte?

„Ich habe Glück gehabt, einen solchen Vater zu haben", sagte er immer wieder. „Ihr könnt euch das kaum vorstellen, aber als ich klein war und nachts weinte, war er es, der aufgestanden ist. Natürlich findet man das heute normal, nur zu der damaligen Zeit kümmerten sich Männer nicht um Babys, sie hätten sich sogar dafür geschämt. Das war die Aufgabe der Frauen. Das Wort Mutterschaft sagt ja schon alles."

Pilou war aber noch außergewöhnlicher als mein Vater dachte: Er hatte eine Frau geheiratet, die von einem anderen schwanger war, die in einen anderen verliebt war und hatte sich um dieses Kind mehr gekümmert als er es für sein eigenes getan hätte. Dabei war er zwangsläufig von der Situation unterrichtet. Er konnte doch nicht glauben, dass Élise ihre Meinung in Bezug auf ihn innerhalb von zwei Tagen geändert hatte. Sie musste ihm doch notgedrungen gestanden haben, dass sie ein Kind erwartete. Auch ohne das hätte er sich auf jeden Fall nicht von einem Siebenmonatskind täuschen lassen! Mein Großvater war wirklich ein bemerkenswerter Mann.

Das also war die Erklärung für die Lücke im Heft zwischen dem 22. (Virgile ist nicht gekommen) und dem 26. Dezember (Ich werde René heiraten).

Zwischen diesen beiden Daten hat sie erfahren, dass Virgile sie verlassen hatte und begriffen, dass ihr Kind keinen Vater haben würde, eine Situation, die heute kaum Folgen nach sich zieht, damals aber eine furchtbar schlimme Sache war. Kinder „ohne Vater" (komischer Ausdruck) nannte man sogar „Bastarde". Man fragt sich, was die Leute damals im Kopf hatten. Alle Kinder werden von einem Mann und einer Frau gezeugt. Was ändert das schon, ob ihre Eltern verheiratet sind oder nicht!

Kurzum, es war für Mamie unmöglich, ihr Kind ohne Vater zu lassen. Daher also … Pilou.

Pilou war mehr als ein ausgezeichneter Vater, mir kam er jetzt wie eine Art Heiliger vor, Papa hatte nicht Unrecht. Wenn man dazu noch bedenkt, wie liebevoll er mit seiner Frau umging, erstaunt das umso mehr: nie ein lautes Wort, immer hilfsbereit … Dabei hätte er in Anbetracht der damaligen Mentalität böse sein können, dass sie ein Kind von einem anderen erwartete. Was heute banal erscheint, war es früher ganz und gar nicht.

Und wenn, nach alldem, Virgile zurückgekommen war, um …

Aber um sich wofür zu rächen? Alles war ja sein Fehler!

Nein, meiner Ansicht nach war Virgile nicht zurückgekommen, um sich zu rächen, das wäre ungeheuerlich gewesen. Es sei denn, dass …

Ich dachte an etwas anderes. Was, wenn Virgile sie nicht verlassen hatte, wenn er lediglich nach der Explosion des Munitionsdepots gezwungen gewesen war zu fliehen? Vielleicht war er in der Tat nach Amerika gegangen und hatte Élise gegen seinen Willen in dieser schrecklichen Situation zurückgelassen. Niemand wusste, wann er zurückkommen würde, man hätte lange Jahre warten müssen … Und konnte Élise mit ihrem Kind ohne Vater denn so lange warten?

Unter diesen Voraussetzungen Rache … Dafür hätte er fast krank sein müssen. Aber man weiß nie, wie Menschen sich im Verlauf ihres Lebens wandeln.

Ich aß an diesem Abend nicht einmal etwas. Ich zerbrach mir den Kopf darüber, ob ich all das meinem Vater berichten müsste. Das war eine schreckliche Verantwortung.

Normalerweise sind es die Eltern, die sich mit der Frage quälen, ob sie ihren Kindern gestehen müssen, dass sie adoptiert sind oder dass ihr Vater nicht ihr leiblicher Vater ist, usw. Und hier stellte nun ich mir Fragen, um zu entscheiden, ob ich meinem Vater mitteilen müsste, dass sein Vater nicht sein Vater ist. Na ja … ich hatte die ganze Nacht vor mir und noch einige Tage, um darüber nachzudenken.

Aus heutiger Sicht sage ich mir, dass es richtig war, im ersten Moment, am Telefon, nicht davon zu sprechen. Das wäre furchtbar gewesen. Aber nicht so hastig, ich muss der Reihe nach erzählen, und das ist nicht einfach.

Fotos sagen mehr aus als irgendjemand

Ich schlief dermaßen spät ein und schlief dermaßen schlecht, dass mich der Telefonanruf meiner Eltern weckte. Es war nach neun Uhr.

Ich hatte einen scheußlichen Traum gehabt: Virgile wollte Mamie dazu zwingen, über den Bach zu springen, und es gelang ihr nicht. Sie weinte und fiel hinein. Und ich empfand ihren Sturz so, wie wenn ich selbst hineingefallen wäre. Ein entsetzliches Gefühl.

Als ich meinen Vater am anderen Ende der Leitung hörte, fühlte ich mich schuldig; wahrscheinlich wie Eltern, die etwas Geheimes miteinander besprechen und verstummen, sobald ihre Kinder ins Zimmer kommen. Manchmal sind es angenehme Geheimnisse (zum Beispiel die Weihnachtsgeschenke), die später gelüftet werden. Manchmal aber bleiben sie für immer geheim, und man erfährt sie nie.

Papa hörte sich fröhlich an, so sehr, dass ich es ihm fast übel nahm und für den Bruchteil einer Sekunde Lust verspürte, ihm das mitzuteilen, was ich soeben erfahren hatte und welche Qualen ich ausstand. Ich hielt mich gerade noch zurück: Sie hatten das Recht, glücklich zu sein, auch wenn mir das im Augenblick nicht passte! Ich musste ihnen ja sagen, alles sei in Ordnung, nein sagen, es gebe keine Probleme. Sie fanden, dass ich mich merkwürdig anhörte. Es ist in der Tat sehr schwierig, seine Eltern zu täuschen. Dann versuchte ich, lockerer zu klingen, und ich sagte ihnen, das käme von der Verbindung, die schlecht sei, was nicht verwundere, wenn man bedachte, wie weit entfernt sie waren.

Nein, hier war es nicht sehr warm. Dort kamen sie vor Hitze um.

„Man ist gezwungen, sich mitten am Tag ins Hotel mit all seinen Ventilatoren zurückzuziehen, um zu versuchen, sich ein bisschen abzukühlen, obwohl die Einheimischen die Hitze noch erträglich finden. Anscheinend ist es im Juni um einiges schlimmer. Bis gestern war alles extrem trocken; glücklicherweise hat es jetzt geregnet, ich sage „glücklicherweise", weil ein grauenvoller Staub in der Luft lag, so dass man kaum mehr atmen konnte. Man konnte nur noch mit vorgehaltenem Taschentuch ins Freie gehen. Und dann schlagartig strömender Regen."

Maman übernahm dann den Hörer:

„Wir besichtigten gerade ein Kloster in Bodhnath und waren in den Hof hereingekommen, als der Regen auf uns niederzuprasseln begann. Da bekommt man einen Vorgeschmack auf das, was der Monsun sein muss, der nächsten Monat einsetzen wird. Der Guss ist derartig stark gewesen, dass wir schnellstens unter dem Vordach des Klosters Schutz suchen mussten, aber es schüttete so heftig, dass man sogar zwei Meter davon entfernt noch besprizt wurde. Und die Mönche (also Buddhisten, die, die Bordeauxrot und Safrangelb tragen), du weißt schon, welche … "

Ja doch, ich hatte mit ihnen die Dokumentarfilme angeschaut, obwohl mir das jetzt wie in einem anderen Leben vorkommt.

„Also diese Mönche waren reizend, sie gaben uns Zeichen, in den Gebetsraum hineinzugehen. Wir zogen die Schuhe an der Tür aus und setzten uns auf den Boden, auf einen Teppich in einer Ecke. Dort blieben wir zwei Stunden lang, bis der Sturzregen aufgehört hatte."

„Nicht dass du glaubst", sprach mein Vater weiter, „dass wir uns auch nur eine Sekunde lang beim Zuhören ihrer Sprechgesänge gelangweilt hätten. Am Ende hätten wir mitsingen können, nicht den Text, aber sicherlich die Melodie. Es gab da kleine Buben, acht oder neun Jahre alt, gekleidet wie die Großen, die während dieser Zeit ununterbrochen über den Boden wischten. Offenbar war ihnen das nicht lästig. Sie leisteten sich die reinsten Schlitterpartien und hatten ihren Spaß dabei. Hin und wieder gingen sie den Großen auf die Nerven. Man war aber ganz gelassen. Ich glaube, das hat uns gut getan, dieser Friede. Du siehst, die Welt dreht sich weiter."

Ja, die Welt drehte sich, auf die eine oder andere Weise. Nie zuvor hatte ich empfunden, dass meine Eltern so weit von mir entfernt waren, ich meine es nicht im wörtlichen Sinn.

Sie überschütteten mich mit allerlei gut gemeinten Ratschlägen: vorsichtig zu sein, nicht Leuten aufzumachen, die ich nicht kannte, nicht zu vergessen, abends die Türe abzuschließen. Kurz, Dinge,

auf die ich selbst nie gekommen wäre!!! Eltern halten uns immer
für etwas geistig zurückgeblieben … Es sei denn, sie wollen sich
damit nur beruhigen. Ja, ich glaube, das ist es.
Ich wünschte ihnen alles Gute für die restliche Zeit und legte auf.
Umso besser, dass sie entspannt waren, denn hier herrschte Be-
klemmung. Ich hatte schrecklich Mitleid mit Mamie. Es wurde
mir bewusst, dass es Gründe gab, weshalb sie so wenig aß und
so häufig ohnmächtig wurde. War sie fünfzig Jahre später noch
nicht zur Ruhe gekommen? Was für eine entsetzliche Geschichte!
Auch ich erholte mich nur schwer davon. Ich begriff, was für ein
Drama die Hochzeit für Mamie gewesen sein musste. Sie verband
sich mit einem Mann, den sie nicht liebte, nur damit ihr Kind nicht
darunter zu leiden hätte, „keinen Vater" zu haben. Ich verstand
jetzt ihre Haltung ihm gegenüber. Auch wenn sie seine Ansichten
nicht teilte, äußerte sie sich nicht dazu, weil sie ihm zu Dankbarkeit
verpflichtet war, und indem sie nie etwas sagte, war sie allmählich
ausdruckslos geworden.
Auch Pilou tat mir leid. Er hatte eine Frau geheiratet, die nicht in
ihn verliebt war (obwohl sie das nie merken ließ). Er dagegen war
verliebt für zwei, und er hatte alles getan, um sie glücklich zu machen. Doch haben sie sich immerhin gut verstanden, sie hatten ein
harmonisches Leben geführt, was tröstlich war.
Ich ging zum Dachstock hinauf, weil ich Lust hatte, mir das Grup-
penfoto nochmals anzusehen, das von Simones Geburtstag, weil
darauf alle drei abgebildet waren.
Ich las wieder das Datum: 3. August 1943.
Am 3. August 1943 war Élise in Virgile verliebt, deshalb sah sie so
glücklich aus. Und auch er lachte und war sehr fröhlich. Pilou dagegen lachte nicht.
In Anbetracht dessen, was ich erfahren hatte, konnte ich das, was
ich da sah, klar interpretieren. Pilou sah nie den Fotografen an.
Auf dem ersten Foto schaute er nach rechts, dort befand sich
Élise. Auf dem zweiten schaute er in die Ecke … hierher … , und
hier befand sich Virgile. Die ganze Geschichte war hier in diesem
Foto: René war in Élise verliebt, die Virgile liebte. Übrigens hatten

sich an diesem Tag René und Virgile gestritten, man wusste nicht weshalb.

Ich wartete 10.30 Uhr ab, um bei der Mutter von Virgile, Mme Delahaye, einen Besuch zu machen. Die Uhrzeit zwischen der morgendlichen Pflege und dem Mittagessen schien mir passend. Mme Delahaye war eine sehr nette alte Dame, ein bisschen müde in ihrem Ausdruck, mit ganz weißem Haar und vom Friseur gedrehten Locken und mageren, mit kleinen, braunen Flecken übersäten Händen, die sie aber noch sehr flink bewegte. Ich erzählte ihr, dass ich für den Unterricht ein Referat über die Resistance im Zweiten Weltkrieg schreiben musste und dass jemand Virgile erwähnt hatte.
„Virgile?"
Sie schien irritiert zu sein, dann erklärte sie:
„Wenn Sie möchten, kann ich Ihnen etwas über den Krieg erzählen, aber über die Resistance kann ich Ihnen nichts sagen."
„Obgleich Virgile dazugehörte?"
„Virgile machte, was er wollte."
Ihr Ton war schroff geworden, trotzdem glaubte ich fest daran, dass sie eine nette alte Dame war. Ich ließ nicht locker:
„Wissen Sie, wo Virgile heute lebt? Ich könnte ihn vielleicht befragen."
„Virgile?"
Seltsam, den Namen nochmals bestätigt haben zu wollen.
„Ja."
„Ich habe keine Ahnung. Er ist nach Amerika gegangen."
„Während des Krieges?"
„Genau. Im Dezember 1943."
„Und ist er jetzt zurückgekommen?"
„Oh nein, ich glaube nicht."
„Und was macht er so?"
„Wie sollte ich das wissen? Seit dem Tag seiner Abreise hat er nichts mehr von sich hören lassen."

„Dann wissen Sie also gar nicht, ob er wirklich nach Amerika gegangen ist?", fragte ich verwundert.

„Doch, das weiß ich: Mein Mann hat einen Brief von ihm bekommen. Er war darüber so wütend, dass er ihn verbrannt hat."

„Warum war er wütend?"

Das ging mich wirklich nichts an, und trotzdem machte Mme Delahaye nicht den Eindruck, über meine Frage verstimmt zu sein.

„Er war verärgert, weil Virgile aus seinem Land floh, anstatt für seinen Wiederaufbau dazubleiben."

„Aber es war Krieg, und die Deutschen waren da! Wie sollte man
es da wiederaufbauen?"

Die alte Dame schüttelte widerwillig den Kopf:

„Eigentlich war nicht mehr Krieg; die Deutschen hatten ihn 40 gewonnen. Mein Mann sagte, es sei immer noch besser, den Deutschen unterstellt zu sein als den Roten."

Ich muss sie mit einem verständnislosen Blick angesehen haben,
denn sie erklärte mir dann:

„Die Kommunisten, eben!"

„Ah!"

Die alte Dame schwieg. Ich wusste nicht recht, was ich machen
sollte. Das Beste war wohl zu gehen. In diesem Moment schüttelte
die alte Dame aber wieder den Kopf und sagte:

„Virgile hielt es eher mit den Kommunisten, und sein Vater ertrug
das nur schwer."

Sie sah mich an, griff zum Nachttisch und holte aus der Schublade ein Foto heraus.

„Er ertrug das nicht", fuhr sie fort, „weil er der Anführer der Miliz
war, das ist also nicht erstaunlich."

Das Foto, das sie mir reichte, stellte eine Gruppe von dunkel ge-
kleideten Männern dar (oder schwarz, wie soll man das auf einem
Schwarzweißfoto erkennen?), so ähnlich wie Soldaten, mit einer
großen Baskenmütze gleicher Farbe. Sie waren vermutlich das, was
man „die Miliz" nannte.

„Das Foto ist an dem Tag aufgenommen worden, als man die Pfer-
de beschlagnahmt hat, daran erinnere ich mich gut. Auch, dass

mein Mann unseres weggegeben hat, ehrlichkeitshalber, verstehen Sie. Mein Mann ist der da …"

Mit ihrem vom Alter verformten Finger zeigte sie auf einen nicht sehr großen Mann mit sturem Blick, der sehr selbstsicher aussah. Ich wollte ihr soeben das Foto zurückgeben, als etwas darauf mich festhielt, ich weiß nicht was. Ich hielt in meiner Bewegung inne und warf noch einmal einen Blick auf „die Miliz". Neben Vater Delahaye war ein Gesicht, das ich kannte.

Mein Kiefer verkrampfte sich, ich starrte wie eine Irre auf diese Gesichtszüge. Ich konnte mich nicht täuschen: Das war Pilou in der Uniform der Miliz. Im ersten Moment hätte ich am liebsten geweint. „Sie gehörten nicht zum gleichen Lager … " Nein. Und ich entdeckte traurig, dass ich dem von Virgile den Vorzug gab.

Was zeigt, dass Fotos Geschichten erzählen können. Man muss nur den Schlüssel dazu besitzen, den Code, um sie zu entziffern.

„Ist das … ", fragte ich mühsam.

„Der da? Das ist René Blestin. Oh! Ein netter Junge. Kennen Sie ihn?"

Ich zögerte einen kleinen Moment, bevor ich gestand:

„Das ist mein Großvater."

Und als ich das sagte, wurde mir klar, dass er nicht mein Großvater war. Bis dahin hatte mich nur die Tatsache bestürzt, dass Pilou nicht Papas Vater war, idiotisch, aber so ist es. In diesem Augenblick nun wurde mir bewusst, dass Virgile mein echter Großvater war und infolgedessen diese alte Dame meine Urgroßmutter.

Sie betrachtete mich plötzlich mit schrecklicher Eindringlichkeit, sogar äußerst unangenehm. Zum Glück kam jetzt eine Schwester herein, die meldete, dass es Zeit sei, zum Essen hinunterzugehen. In Altenheimen isst man ungewöhnlich früh.

Als ich am Ausgang angekommen war, hörte ich, dass jemand durch den Gang lief:

„Mademoiselle!", rief die Schwester.

Ich drehte mich überrascht um.

„Mme Delahaye möchte gerne, dass Sie sie heute Nachmittag nochmals besuchen."

„Warum?"

„Sie muss an dem Gespräch mit Ihnen Gefallen gefunden haben, die alten Menschen langweilen sich hier schrecklich. Natürlich sind Sie nicht dazu verpflichtet … Für junge Leute ist das kein angenehmer Ort, und außerdem bestehen gute Aussichten, dass Mme Delahaye Sie heute Nachmittag vollständig vergessen hat."

Ich wusste nicht genau, was ich machen sollte. Ich verabscheute solche Orte, aber diese alte Dame war meine Urgroßmutter, obwohl sie es nicht ahnte.

Eine schreckliche Geschichte

Ich erspare euch das, was mir heute Mittag alles durch den Kopf gegangen ist. Nicht sehr lustig.

Man konnte der Miliz angehören und ein „netter Junge", ein „guter Vater" und „der beste Mensch" sein. Eines Tages hatte Pilou zu mir gesagt: „Man kann einem Menschen nicht sein ganzes Leben lang übelnehmen, was er mit zwanzig getan hat. Er ist vielleicht der Erste, der es bereut." Er sprach damals von einem Mann, der wegen eines Überfalls im Gefängnis war, jetzt aber begriff ich, dass er auch für sich sprach. Und dann, wie soll man schon urteilen? Wie würde ich mich verhalten haben, wenn ich zu dieser Zeit gelebt hätte?

Ich erinnerte mich bei der Gelegenheit an Mamans Worte: „Im Nachhinein ist es immer leicht zu wissen, was man hätte tun sollen."

Ich wusste nicht, was sich zugetragen hatte, was indessen sicher war, ist, dass Pilou danach seinen Standpunkt radikal geändert hatte. Er verabscheute die Deutschen. Er wollte nicht einmal, dass ich zum Schüleraustausch nach Deutschland ging! Aber wie sagte doch mein Vater, „Ein Glück, dass die Kinder nicht den Hass der Älteren annehmen, weil man sonst mit allen Völkern der Welt auf Kriegsfuß stehen müsste: mit denjenigen, die uns eingenommen haben und mit denjenigen, die wir eingenommen haben. Die Russen würden es ablehnen, wegen Napoleon mit den Franzosen zu sprechen, die Franzosen mit den Engländern wegen Jeanne d'Arc, die Chinesen mit den Mongolen, die Amerikaner mit den Japanern, die Mexikaner mit den Spaniern, die Normannen mit den Bretonen … "

Mit einem gewissen Unbehagen machte ich mich wieder auf den Weg zum Altenheim.

Die alte Dame war entzückt, mich zu sehen. Was erzählte die Schwester da, sie hatte mich ganz und gar nicht vergessen. Sie empfing mich mit einer Armbewegung, die Überraschung und Freude ausdrückte und die mich vermuten ließ, dass sie an meine Rückkehr nicht wirklich geglaubt hatte.

„Sie sind also", begann sie und starrte mich dabei wie am Morgen an, „Sie sind also die Enkeltochter von René und Élise … Was für eine traurige Geschichte, meine arme Kleine! Hat man etwas herausgefunden?"

„Nichts."

Ich erzählte von den blödsinnigen Vermutungen der Polizei und fügte hinzu:

„Vielleicht Rache … "

Warum hatte ich das gesagt? Nur diese alte Verrückte von einer Raymonde Lompel hatte von Rache gesprochen …

Die alte Dame nahm mich mit ihrem Blick ins Visier. Ihr Gehirn war wirklich nicht im Geringsten eingerostet, das bewies mir ihre Frage:

„Sind Sie deshalb hergekommen, um mit mir über Virgile zu sprechen? Sie glauben, er hätte sich rächen können?"

Ich fühlte mich nicht sehr wohl in meiner Haut. Sie schien wütend zu sein. Jedenfalls bewies ihre Vermutung, dass sie zumindest wusste, dass Élise und Virgile miteinander gingen (obwohl „miteinander gehen" vielleicht nicht die damalige Bezeichnung war).

Und da bricht sie plötzlich in Tränen aus.

Ich sage euch: Es ist furchtbar, eine alte Dame weinen zu sehen, weil alte Damen schon so viel in ihrem Leben durchgemacht haben, dass man denken könnte, sie seien abgehärtet. Ich war schrecklich verlegen, und zudem wusste ich nicht einmal, weshalb sie so weinte. Ich fragte mich, ob ich nach der Schwester rufen sollte, als sie mit unglaublicher Kraft mein Handgelenk packte und flüsterte:

„Ich hätte es Ihnen heute Morgen sagen sollen … "

Sie ließ mein Handgelenk los, entnahm der Tasche ihrer Weste ein Taschentuch und trocknete sich die Tränen.

„Virgile ist tot", entfuhr es ihr.

Ich war wie versteinert. Fast murmelnd fragte ich sie:

„Ist es lange her?"

Sie nickte: ja, lange.

„In Amerika?"

Sie schüttelte den Kopf: nein.

Ich wartete ab, ohne zu wissen, was ich noch fragen könnte. Da sprach sie weiter:

„Mein Mann hatte gewollt, dass wir das sagen ... nach Amerika. Mein Virgile ... mein kleiner Junge ... Oh mein Gott ... Er ist am 17. Dezember 1943 gestorben."

Am 17. Dezember! „Virgile ist nicht gekommen"!

„Wie ist er gestorben?"

„Die Deutschen haben ihn gefasst, kurz nachdem er ihr Munitionslager in die Luft gesprengt hatte. Sie haben ihn gefoltert ... Oh mein Gott! Mein Gott!"

Tränen flossen über die Wangen der alten Frau. Es war schrecklich. Sie konnte nicht mehr sprechen.

Endlich beruhigte sie sich, und vermutlich, um den Namen ihres Sohnes nicht mehr aussprechen zu müssen, fuhr sie in verändertem Ton fort:

„Meinen Mann hat das krank gemacht. Er war bei der Miliz. Er hat es nicht verkraftet, dass die Deutschen seinen Sohn getötet haben. Er hat überall verbreitet, dass der Kleine nach Amerika gegangen sei. Er ist darüber halb wahnsinnig geworden. Ich bin sicher, dass er am Ende selbst geglaubt hat, dass sein Sohn in Amerika sei. Jedenfalls hat er das nicht überlebt. Ich habe überlebt. Ich weiß nicht warum ... Ich glaube, dass Frauen stärker sind. Ich wäre gerne weniger stark gewesen, denn wenn ich damals gestorben wäre, hätte mir das unsagbare Leiden erspart. Kann sich das einer vorstellen, was eine Mutter fühlt, wenn sie erfährt, dass man ihr Kind grauenhaft gefoltert hat? Verstehen Sie?"

Ich verstand, und ich weinte auch.

„Es ist das erste Mal, dass ich die Wahrheit sage, weil ich sie nie ohne diesen entsetzlichen Schmerz hätte erzählen können, ohne zu weinen, und weil auch ich daran glauben wollte, dass er in Amerika war. Als mein Mann starb, wollte ich ihn nicht verraten: Ich habe alles so gelassen, wie es war. Verstehen Sie, mein Mann ist aus Kummer gestorben. Aus Kummer!"

Mühsam kam sie wieder zu Atem, dann schien sie sich besser zu fühlen.

„Auch der kleine Blestin", fügte sie hinzu, „diese Geschichte ist ihm sehr nahegegangen."

„René Blestin?"

„Ja, Ihr Großvater. Er war ein Freund von Virgile, auch wenn sie sich manchmal wegen der Deutschen gestritten haben. Als er erfahren hat, was geschehen war, ist er tagelang krank gewesen und hat dann seinen Rücktritt aus der Miliz erklärt. Danach hat er etwas Gutes getan: Er hat Ihre Großmutter geheiratet."

Ich war fassungslos und sagte:

„Madame, wussten Sie, dass … "

Ich zögerte. Wenn sie nichts wusste, durfte ich nichts sagen. Sie lächelte ein wenig:

„Wollen Sie über Ihre Großmutter sprechen?"

Ich gab ihr ein Zeichen, dass ja.

„ … und über Virgile?"

Ich nickte wieder mit dem Kopf.

„Woher wissen Sie das? Sagt man heutzutage solche Dinge zu kleinen Mädchen?"

Ich antwortete auf die Frage nicht, es kränkte mich auch nicht, dass sie mich als „klein" ansah. Ich fühlte mich bedrückt.

„Glauben Sie", wagte ich endlich zu fragen, „dass Virgile meine Großmutter heiraten wollte?"

„Oh ja!", sagte die alte Frau langsam, „selbstverständlich. Selbstverständlich. Es war die große Liebe!"

„Und hat meine Großmutter gewusst … dass Virgile tot war?"

„Ja. Sie hat es erfahren. Als sie zu uns ins Haus gekommen ist, um Nachrichten über ihn zu bekommen, hat mein Mann ihr gesagt, dass er nach Amerika gegangen sei. Aber sie hat kein Wort geglaubt: Wenn man liebt, ist man wissend. Und sie wusste, dass Virgile selbst unter Todesgefahr nicht ohne ein Wort abgereist wäre. Dann habe ich, ich habe es ihr gestanden, damit sie nicht denkt, er habe sie verlassen und auch, glaube ich, um meinen Schmerz mit jemandem zu teilen. Mit Rücksicht auf meinen Mann habe ich sie schwören lassen, nichts zu verraten. Mein Gott! Ich frage mich, wie sie das nicht umbringen musste. Ja, Frauen sind zu robust, sie können ohne zu sterben unerträgliche Schmerzen aushalten, das ist das Furchtbare daran … Einige Tage später hat sie René geheiratet. Er wusste Bescheid."

„Sie möchten damit sagen … auch über das Baby?"

„Mein Gott! Das wissen Sie auch?"

Sie starrte mich beunruhigt an:

„Und die anderen … wissen die es ebenfalls?"

„Nein, nur ich. Ich weiß es, weil ich das Tagebuch meiner Großmutter gelesen habe. Aber sie sagt darin nicht alles. Kannte René die Wahrheit, was das Baby betrifft?"

„Natürlich kannte er sie. Er war ein netter Junge. Er hat die Frau und das Kind seines Freundes akzeptiert, ohne irgendjemandem etwas zu sagen. Ein netter Junge."

Ich fühlte mich wohler.

„Ich danke Ihnen, Madame Delahaye. Ich muss jetzt gehen."

Sie hielt mich am Arm zurück.

„Weißt du", sagte sie zu mir und duzte mich zum ersten Mal, „dass ich heute Morgen über deine Ähnlichkeit mit … deinem Großvater verblüfft war?"

Ich begriff, dass sie nicht von Pilou sprach.

„Deshalb wollte ich dir das erzählen", fuhr sie fort, „deshalb habe ich dich gebeten zurückzukommen. Ich glaube, du siehst auch mir ähnlich, aber es ist besser, dass niemand etwas davon weiß, nicht wahr?"

Ich beugte mich zu ihr hin und küsste sie. Meine Urgroßmutter. Ich war stolz auf sie.

„Du bist eine liebe Kleine", sagte sie. „Ich bin glücklich, dass ich dich kennen gelernt habe. All das bleibt doch unter uns, nicht wahr?"

Ich nickte mit dem Kopf und antwortete ernst:

„Das ist unser Geheimnis."

Einer, der nie hätte kommen dürfen

Diesmal aber musste ich abreisen, das Haus verlassen, wenigstens den letzten Teil des Tanzkurses mitmachen, an anderes denken. Ich hatte nichts von dieser finsteren Angelegenheit klären können. Ich hatte meine Zeit auf der Spur von Virgile verloren (wenn man hier von verlorener Zeit sprechen kann). Virgile hatte meine Großeltern nicht getötet und sein Geist auch nicht, weil ich davon überzeugt war, dass er nicht versucht hatte, sich zu rächen (wenngleich ich von Geistern nichts verstehe). Ich reiste ab, aber ich war mir vollkommen bewusst, nichts über den Tod von Pilou und Mamie erfahren zu haben, und das setzte mir schon zu.

Als ich wieder an den Schrei von Mamie dachte (vorausgesetzt, der Alte hatte sich nicht getäuscht), kam mir der Gedanke, dass sie den Geist von Virgile gesehen haben könnte und, obwohl er ihr nichts Böses antun wollte, darüber vielleicht in Panik geraten war. Und gleichzeitig sagte ich mir immer wieder, dass ich nicht an Geister glaubte.

Natürlich erschien mir diese Spur so dumm, dass ich es nicht gewagt hätte, darüber auch nur ein Wörtchen verlauten zu lassen. Ich nahm den Morgenbus, das war alles.

Aber darf das wahr sein, jedes Mal, wenn ich mein Gepäck zusammenräumte, passierte etwas. Diesmal war es …

Ich hatte alle Läden geschlossen, um das Haus so zurückzulassen, wie ich es angetroffen hatte. Und um noch etwas Licht zu haben, hatte ich die Türe geöffnet. Übrigens schien die Sonne und wärmte ein wenig. Da stand plötzlich jemand im Türrahmen. Ein Mann. Ich hätte fast geschrien, und einen Moment lang schrillten mir alle Ratschläge meiner Eltern in den Ohren. Durch den Schuppen davonlaufen? Im Notfall konnte ich das!

Der Mann war alt, was mich erst einmal beruhigte. Ich hatte ihn noch nie gesehen. Er fragte mit etwas heiserer Stimme und starkem Akzent (elsässisch?):

„Das ist doch das Haus von Élise Jugan?"

Ich bejahte mit einer Geste und beobachtete jede seiner Bewegungen. Er war ziemlich groß und sah für sein Alter nicht schlecht aus. Müde stützte er sich auf einen Stock, ohne anzudeuten, dass er hereinkommen wolle. Kurz, er schien nicht die geringste Absicht zu haben, mich zu überfallen.

Immerzu in seinem komischen Akzent fuhr er fort:

„Ist Élise Jugan nicht da?"

Ich sagte nein, im Augenblick nicht. Ich wollte nicht, dass er denkt, ich sei ganz allein in diesem Haus.

„Kann ich auf sie warten?"

„Nein", sagte ich, „sie wird nicht wiederkommen. Entschuldigen Sie, ich muss jetzt gehen."

Der Mann rührte sich nicht. Er wirkte nur plötzlich beunruhigt.

„Oh!", rief er aus, „das ist für mich … das ist sehr ärgerlich."

„Sie nicht zu sehen?"

„Ja. Gehören Sie zur Familie?"

Mein Misstrauen verschwand, und ich antwortete:

„Ich bin ihre Enkeltochter."

„Ah! Sie hat also geheiratet … Das habe ich nicht gewusst. Und doch wohnt sie im Haus ihrer Eltern."

Ich nickte mit dem Kopf:

„Seit kurzem."

„Können Sie mir sagen, wo ich sie finden kann?"

Er sah wirklich bedrückt aus. Ich zögerte einen Moment, dann erklärte ich:

„Sie werden sie nicht mehr finden. Meine Großeltern sind alle beide tot."

Der alte Mann sah niedergeschlagen und ebenso traurig aus.

„Das ist tragisch für mich", sagte er.

Ich fand diesen Satz erstaunlich: Der Tod meiner Großeltern war für alle tragisch (in erster Linie für sie selbst) und sicherlich mehr für uns als für diesen völlig Unbekannten.

Unbekannt? Ich sah ihn mir sorgfältig an.

Virgile! War er möglicherweise Virgile? Trotz meiner Bemühungen, sie miteinander zu vergleichen, erkannte ich ihn nicht wieder.

Und außerdem … Ich konnte nicht anzweifeln, was Mme Delahaye mir gesagt hatte: Virgile war tot, wirklich tot.

Neugierig geworden, erkundigte ich mich:

„Kannten Sie Élise Jugan?"

„Nein, überhaupt nicht."

Ich sah ihn fragend an.

„Ich habe sie nie gesehen", fuhr er fort, „aber ich wollte ihr sagen … Ich wollte ihr sagen, wie sehr es mir leid tat …"

Ich starrte ihn noch immer an, jeden Moment ein wenig erstaunter, gespannt auf alles, was er sagte. Er schien nach Worten zu suchen.

„Wie sehr es mir leid tat … um Virgile Delahaye."

Das warf mich um. Ohne darüber nachzudenken, gab ich ihm ein Zeichen, hereinzukommen und am Tisch Platz zu nehmen. Ich setzte mich ihm gegenüber, auf die Stuhlkante, mit unangenehmen Gefühlen.

„Virgile Delahaye", sagte ich, und versuchte, dabei sicher zu klingen, „ich weiß, um wen es sich handelt."

Er erzählte mir dann, dass er nur noch wenige Monate zu leben habe und dass er diese Zeit nutzen wolle, um sein Gewissen zu erleichtern.

„Deshalb", bemerkte er, „hätte ich gern mit Ihrer Großmutter gesprochen. Ich habe den weiten Weg hierher … "

Er zögerte offenbar, dann schüttelte er den Kopf und brachte zu Ende, was er sagen wollte:

„Es würde mir guttun, jemandem aus ihrer Familie zu erzählen … Verstehen Sie, Sie müssen es an meinem Akzent gehört haben, ich bin Deutscher. Während des Krieges war ich in Saint-Léonard stationiert, nicht weit von hier."

Ich gab ihm zu verstehen, dass ich das kannte.

„Dorthin … – aber kann man das in Ihrem Alter überhaupt begreifen? – dorthin war ich gebracht worden, um Handlungen auszuführen … schreckliche Handlungen. Es war Krieg. Es ist schwer zu verstehen, wie einen der Krieg Schritt um Schritt in ein grausames Monster verwandelt. Ich befolgte die Befehle, und ich verschanzte mich hinter dieser Vorstellung, aber heute weiß ich, dass ich kein menschliches Gefühl mehr empfand. Ich schäme mich, das zuzugeben: Ich habe gefoltert, hier. Und insbesondere Virgile Delahaye."

Mein Herz fing an zu rasen.

„Erzählen Sie mir das nicht", bat ich ihn inständig und verkrampfte mich dabei, „ich bin nicht … Ich möchte nichts vom Foltern hören."

Der alte Mann nickte lange mit seinem schmalen, weißen Kopf, ohne etwas hinzuzufügen. Ich glaube, dass er mich sehr gut verstanden hatte. Er begnügte sich mit der Bemerkung:

„Er hat großen Mut bewiesen, er hat nichts verraten, und wir haben die Namen der Komplizen seiner Bande nicht erfahren. Nur ist er dafür gestorben."

Da habe ich mich dabei ertappt, dass ich es vorzog, dass Mamie nicht mehr da war. Wenn er ihr hier begegnet wäre, hätte er die entsetzlich schmerzliche Wunde wieder aufgerissen, nur um sein Gewissen zu beruhigen. War ihm das klar?

Ich fragte:

„Warum sind Sie hierher gekommen? Das heißt … wie konnten Sie wissen, dass sich Virgile Delahaye und Élise Jugan kannten?"

Der Mann griff in die Innentasche seines Mantels und zog ein Foto heraus. Es handelte sich um ein Porträt meiner Großmutter, als sie jung war. Er zeigte mir, dass auf der Rückseite stand: Élise Jugan. La Bétinais. Saint-Jean.

La Bétinais war der Name dieses Hauses.

„Dieses Foto", erklärte der Deutsche, „hatte Virgile Delahaye bei sich, deshalb kannte ich die Adresse und wusste, dass das eine wichtige Person für ihn war, wahrscheinlich seine Verlobte."

Ich ließ einen Moment verstreichen, bevor ich ihm die Frage stellte:

„Wollten Sie ihr das Foto zurückgeben?"

„Ja. Und ihr auch … erklären, warum man Virgile denunziert hat."

„Er ist denunziert worden?"

Das war eigentlich nicht sehr verwunderlich.

„Natürlich", antwortete der Deutsche. „Die Denunzierung war praktisch die einzige Möglichkeit für uns, die Terroristen zu fassen."

„Sie meinen, die Leute von der Resistance?"

„Wenn Sie so wollen … Sie werden verstehen, dass Franzosen und Deutsche damals nicht dieselbe Meinung haben konnten, dasselbe Vokabular." (Er machte eine kleine Bewegung mit der Hand, wie um gewisse Gedanken zu verscheuchen.) „Wissen Sie, heute tun die Franzosen so, als seien sie alle in der Resistance gewesen, aber das ist nicht wahr. Ich kannte welche, die haben an Großdeutschland geglaubt und mit uns zusammengearbeitet. Und dann gab es welche, die sich uns aus persönlichen Interessen angeschlossen haben, um zu Reichtum zu kommen oder ganz einfach aus Angst. Insbesondere nach der Hinrichtung von Geiseln."

Hinrichtung von Geiseln! Das erinnerte mich an etwas!

„Das war es auch, warum Virgile denunziert worden ist", schloss er. „Mit seinen Freunden hatte er das Munitionslager gesprengt, und wir hatten noch am selben Abend zur Vergeltung zehn Geiseln erschossen. Dann ist jemand zu uns gekommen und erklärte, dass es nicht akzeptabel sei, dass Unschuldige für die Terroristen zahlen müssten, und er gab uns seinen Namen."

Jemand hatte ihn denunziert! Er sagte nicht, wer, aber ich war sicher, dass es sich um Raymonde Lompel handelte. Meine Großmutter mochte sie nicht sonderlich, und ich hätte wetten können, dass ich wusste, warum: Sie vermutete etwas! Ich war wütend. Ich wäre gerne hingegangen, um ihr mit aller Kraft eine runterzuhauen, dieser Raymonde.

Der alte Deutsche zeigte mir mit einer Handbewegung an, dass er fast fertig war und fügte dann hinzu:

„Nebenbei bemerkt … ich glaube, dass diese Person danach schreckliche Gewissensbisse hatte, und was Gewissensbisse sind, das weiß ich. Ein bösartiges Gift, das einem in den Adern fließt und einen von innen her kaputt macht."

„Für Gewissensbisse war es ja wohl höchste Zeit!", sagte ich wütend.

82

„Nun ja, Ihre Großmutter ist nicht mehr da, und es ist vielleicht besser, über die Sache Schweigen zu bewahren, den Schuldigen seiner Vergangenheit zu überlassen."

Ich verstand, dass er mir nicht mehr verraten wollte: Ich hatte mit dieser alten Sache nichts zu tun.

„Bemühen Sie sich nicht unnötig", sagte ich, „ich weiß, um wen es sich handelt, und ich bin sicher, dass auch meine Großmutter Vermutungen hatte."

„Wenn das so ist", sprach der Deutsche weiter, „sollten Sie, bevor Sie urteilen, ebenfalls wissen, dass diese Person am nächsten Tag wieder zu mir gekommen ist um zu widerrufen. Sie behauptete, nur aus Eifersucht gehandelt zu haben, ausschließlich aus Eifersucht, und dass Virgile Delahaye vollkommen unschuldig sei. Pah! Das war gelogen, da war ich mir ganz sicher. Natürlich hatte Virgile Delahaye unser Depot gesprengt, aber jetzt war es sowieso zu spät. Und das war nicht mein Problem."

„Es ist mir auch recht", bemerkte ich leise, „dass meine Großmutter das nicht gehört hat."

„Ich hatte nicht die Zeit, es ihr zu sagen, sie hat vorher aufgelegt." Ich schaute ihn verblüfft an:

„ ... was aufgelegt?"

„Nun ... das Telefon! Es war mir geglückt, vom Rathaus die Telefonnummer von La Bétinais zu bekommen. (Ich hatte soeben erfahren, dass die Ärzte mir keine Chance mehr gaben – ich leide unheilbar an Krebs). Ich habe sie angerufen. Leider hat sie mir nicht lange zugehört. Ich habe nur die Zeit gehabt, ihr den Namen desjenigen zu sagen, der ihn denunziert hatte, Blestin, und sie hat aufgelegt."

Ich riss vor Schreck die Augen auf:

„Was haben Sie gesagt?"

„Der Mann, der Virgile denunziert hat, den kannte ich gut, das war ein Kerl von der Miliz, René Blestin."

Meine Lippen begannen zu zittern.

„ ... Und ... und das war es ... , was Sie meiner Großmutter am Telefon gesagt haben?"

„Ja. An Heiligabend. Ich fühlte mich so krank und so allein … "
Mir war übel, übel … Ich weiß nicht, wie ich die Kraft aufgebracht
habe zu flüstern:
„Entschuldigen Sie, Monsieur, Sie müssen jetzt gehen."
Er erhob sich und warf mir einen besorgten Blick zu:
„Fühlen Sie sich nicht wohl?"
„Doch … doch."
Ich sah ihn hinausgehen und rannte ins Badezimmer, um mich zu
übergeben.

Ich habe alles in diesem Heft festgehalten. Durch meine Tränen
war der Blick verschwommen, doch ich konnte alles gut zu Ende
schreiben. Danach habe ich das Heft in das Holzkästchen eingeschlossen, das ich in den Weidenkoffer einschloss … in die Tiefe
der Erinnerung des Hauses, in die Tiefe der Zeit.
Warum hatte ich das Haus nicht eine Stunde früher verlassen,
eine halbe Stunde, wenigstens zehn Minuten früher? Ich hätte den
Deutschen nicht getroffen. Ich hätte kein solches Leid in meinem
Herzen. Der Zufall beschert uns manchmal nicht wiedergutzuma-
chende Taten. Jetzt ist es zu spät. Muss ich es bedauern? Die Wahrheit. Es ist nur die Wahrheit.
Es war gut, dass ich alles aufgeschrieben habe, das hat mich erleichtert. Vor allem, als ich notiert habe, dass René nochmals zu
den Deutschen gegangen war, um zu versuchen, seinen Fehler zu
korrigieren, das Grauenvolle, das er durch seinen unüberlegten
Gefühlsimpuls ausgelöst hatte. „Man kann einem Menschen nicht
sein ganzes Leben lang übel nehmen, was er mit zwanzig getan hat.
Er ist vielleicht der Erste, der es bereut."
Jetzt verstand ich alles: sein Schutzgehabe, seine hingebungsvolle
Liebe für meine Großmutter, die Art, wie er seinen Sohn großge-
zogen hat. Das war er ihnen nun wirklich schuldig! DAS WAR ER
IHNEN NUN WIRKLICH SCHULDIG!
Ich glaube, dass ich diese Worte hinausgeschrien hatte.
Und danach habe ich die blaue Wolljacke von Mamie und ihre
Decke geholt und mich in beides eingewickelt. Ich habe mich auf

das Bänkchen im Wohnzimmer gelegt. Ich bin dort regungslos liegen geblieben und habe zur Zimmerdecke gestarrt.

Aber ich sah nichts, denn meine Augen waren voller Tränen, und in meinen Ohren hallte der Schrei von Mamie.

Pilou wollte nicht in dieses Haus zurückkommen. Es „brachte Unglück". Ja. Er war es, der das Unglück dorthin gebracht hatte, und er hatte Angst, dass es sich gegen ihn wenden würde. Die dicken Steinmauern konnten nichts dafür.

Hatte er nicht sein Leben lang gefürchtet, dass seine Frau die Wahrheit erfährt?

Fünfzig Jahre mit Zittern. Fünfzig Jahre Gewissensbisse. Fünfzig Jahre, ohne zu wissen, wie es wiedergutzumachen wäre, nichts tun zu können, um es wiedergutzumachen.

Nichts lässt sich je wiedergutmachen.

Das Telefon hatte mitten an Heiligabend geläutet. Das Telefon ist schrecklich gefährlich. Ein Mann rief an, einfach weil er in trübsinniger Stimmung war. Einfach weil er in trübsinniger Stimmung war ...

Mamie hatte abgenommen. Sie hatte seine Stimme gehört. Sie hatte seine Worte verstanden. Sie hatte vor sich hin gestarrt. Ihre Hand hatte zu zittern begonnen. Sie hatte aufgelegt, ohne es zu merken. Mit entsetztem Blick war sie zur Türe gegangen, sie war hinausgegangen, und da hatte sie einen furchtbaren Schrei ausgestoßen, einen herzzerreißenden Schrei, um sich von einem unerträglichen Schmerz zu befreien. Unerträglich.

Sie war zum Bach gerannt.

Hatte sie darüber springen wollen? War sie ohnmächtig geworden? Sie war gestürzt und mit der Stirn gegen einen Stein geschlagen, ihr Gesicht war im Wasser geblieben.

Hatte ihr Mann die Stimme am Telefon gehört? Hatte er verstanden, dass das große Unglück, das er so sehr fürchtete, ihn eingeholt hatte? Nach einem Moment der Lähmung und Verwirrung hatte er seine Taschenlampe genommen und war Élise suchen gegangen, keuchend und unsicher auf den Beinen.

Er hatte sie im Bach gefunden. Sie bewegte sich nicht mehr. Dann hatte er sich neben ihr ausgestreckt, und er hatte geweint. Verzeih mir. Verzeih mir … Er hatte ihre Schultern mit seinem Arm umfasst, und er hatte sein Gesicht neben dem ihren ins Wasser eingetaucht.

Ich bin sicher, dass es sich so zugetragen hat.

Ich bin aufgestanden, ich bin zum Dachboden hinaufgelaufen und habe mein Heft und das von Mamie wieder aus dem Kästchen genommen. Und ich bin bis zum Bach hinuntergegangen, ich bin darüber gesprungen, ich habe mich auf die Steine des alten Waschplatzes gesetzt. Und dann habe ich alle Seiten der zwei Hefte zerrissen, eine nach der anderen, in winzig kleine Fetzchen, und in das fließende Wasser geworfen.

Die kleinen weißen Papierchen sind leicht und unbekümmert auf dem Wasser davongeschwommen.

Ich bin lange dageblieben, noch sehr lange, nachdem sie verschwunden waren.

Das ist alles. Niemand wird davon wissen. Es ist nicht schwierig, ein Geheimnis für sich zu behalten, wenn dieses Geheimnis so schwer ist, dass es nicht wieder hochkommen kann, wenn es keine Worte gibt, um es zu sagen.

Die Fessel, die mein Herz bleiern umschloss, lockert sich. Die Sturzbäche von Tränen sind in einem tiefen und stillen See zur Ruhe gekommen. Das Geheimnis ist da, versteckt in mir. Ich schütze es gegen die Welt, ich schütze die Welt dagegen. Ich fühle mich stark, wie ein Schutzwall. Ich bin ein Schutzwall.

Ich werde den Bus um 16 Uhr nehmen.

Évelyne Brisou-Pellen lebt mit ihrer Familie in der Bretagne. Sie wuchs in Marokko auf und kam als Jugendliche zurück nach Frankreich. Dort studierte sie Literaturwissenschaft, um Französischlehrerin zu werden. Nach der Geburt ihrer beiden Söhne verließ sie den Schuldienst und wandte sich ganz ihrer neuen Leidenschaft, dem Schreiben, zu. Der Kontakt zu Kindern und Jugendlichen ist ihr geblieben: Sie ist als Autorin gerne Gast an Schulen und stellt dort ihre Romane vor.